100문 100답

Winning
Plan
이기는
기획

김우석 지음

경영자료사

문답식으로 알아보는
이기는 기획의 조건

    세상의 모든 일들은 그야말로 인간의 기획으로 돌아가고 있다고 해도 과언은 아니다. 우연으로 이루어진 것처럼 보여도 실제 알고 보면 한 사람 또는 여러 사람의 힘으로 이루어진 것이다. 바로 한 사람 또는 여러 사람의 기획에 의해서 이루어진 것이다. 그리하여 이제 기획 세상이 되어 가고 있다는 느낌이 든다.

    영리를 추구하는 기업은 물론이고, 한 나라를 움직이는 모든 조직들은 효과적인 목표 달성을 위해 매우 다양한 방법으로 기획을 시도하고 있다.

    특히 오늘날 경쟁이 치열해지면서 기획력이 더욱 요구되고 있다. 어떻게 기획을 하느냐에 따라서 한 기업, 또는 조직의 운명이 달려 있기 때문이다. 그리하여 기업간의 대결이 곧 기업간의 기획력 대결로 보일정도가 되면서 기업에서 무엇보다도 기획력 중심으로 변화와 발전이 강력히 요구되고 있다. 새로운 환경에 부응하는 기획을 해내는 기업은 승자가 될 것이고, 그렇지 못한 기업은 패자의 운명에 처해 소멸되고 말 것이다.

이런 변화는 기업에만 국한된 것이 아니라 직장인들 개인적인 차원에서도 적용된다. 회사는 직원들에게 회사나 부서의 부가가치를 높일 수 있는 기획을 요구하고 있으며 모든 부서가 직원들에게 훌륭한 기획자가 되기를 기대하고 있는 것이다.

그리하여 기획력에 따서 승진은 물론 구조조정의 대상이 되고 있다. 기획력이 탁월한 직원들은 승승장구 진급하는 반면에 기획력이 부족한 사람들은 조직에서 도태되고 있다. 이제는 개개인의 기획력이 그 사람의 모든 능력의 바로미터가 되고 있는 것이 현실이다.

이런 현실에서 어떻게 하면 훌륭한 기획자가 되어 조직 내에서 경쟁은 물론 사회에서 경쟁자를 이겨 자신은 물론 자신이 속한 조직이 함께 발전할 수 있는가 중요한 과제가 되었다.

본서는 그 동안 필자가 경험하고 실천한 여러 기획을 통해서 얻은 지식을 바탕으로 이기는 기획, 승리하는 기획을 하는 훌륭한 기획자가 되기 위한 여러 조건과 자격에 대해서 문답식으로 풀어서 쉽게 설명했다.

저자 김우석

차례

Section 1

기획력이 있어야 이긴다

Section 2

기획에 필요한 정보 구하기

Section 3

이기는 기획의 특징, 창조성

Section 4

이기는 기획의 연상력

Section 7

이기는 기획의 아이디어

Section 10

이기는 기획의 결과 예측방법

기획력이 있어야
이긴다

왜 직장인에게 기획력이 필요합니까?

 직장에서 모든 업무는 기획에 의하여 입안되고 그 입안대로 움직이기 때문이다.

 기획을 잘한다는 것은 무엇일까. 최근에는 '기획형 인간'이 뜨고 있다. 다른 그 어떤 능력보다 기획력을 갖추는 것이 성공을 달성하는 데 가장 큰 요인으로 작용하기 때문이다.

한국전쟁 당시 맥아더 사령관이 인천 상륙작전을 생각했을 때 5천 대 1의 도박이라며 주변의 반응은 싸늘했다. 워싱턴 정부는 물론 맥아더 원수의 참모들까지 병력 분산으로 인한 위험, 잠복 공격을 받을 가능성, 상륙의 곤란함, 보급의 어려움 등의 이유를 들어 반대했다.

맥아더는 전략적·정치적·심리적으로 수도 서울의 탈환은 절대적으로 필요하고, 적은 아군이 인천으로 상륙할 것이라고 꿈에도 생각지 않고 있다는 것, 상륙 작전이 성공하면 적의 보급을 차단할 수 있다는 이유를 내세우며 작전을 감행했다.

그의 정확한 통찰력과 결단은 역사의 흐름을 바꿔 놓았다. 유엔군의 승리는 맥아더의 인천 상륙 작전의 성공에서 비롯되었던 것이었다.

경영, 정치, 종교 단체, 친목회 등 그 어떤 조직을 막론하고 원리는 마찬가지다. 격동하는 현대 사회에서 기획력의 부재는 기업의 도산과 직결되어 있다. 따라서 기획력이 없는 간부는 그 자리를 후진에게 물려주어야 한다.

모든 부서에 필요한 기획력

두말 할 필요조차 없는 일이지만, 기획력의 양성은 기획부나 홍보부 등 전문 부서에만 필요한 것이 아니다. 어떠한 부서, 어떠한 지위를 막론하고 오늘날처럼 기획력 있는 인간이 요구되는 시대는 없다.

이러한 의미에서 어느 부서든 일상의 업무는 기획의 입안과 그 합리적 실현에 따라 결정된다고 해도 과언이 아니다. 모든 부서, 모든 개인으로부터 제출되는 크고 작은 기획들이 복잡하게 얽히면서도 기업의 목적을 위해 한 가닥으로 통일될 때 비로소 그 기업은 비약적인 발전을 기약할 수 있는 것이다.

최근에는 컴퓨터의 역할이 엄청나게 중대되고 있는데, 기업이 나아갈 진로까지 컴퓨터에 맡기고 사람들은 그것이 결정해준 기업 계획만을 충실히 실행하면 되는 것일까.

말할 것도 없이 대답은 'No' 이다. 컴퓨터에 많은 양의 정보를 입력시키는 것은 좋은 일이다. 또한 그 정보들을 적절히 이용하여 필요한 업무를 처리하고, 필요할 때에 필요한 형태로 출력시키는 것도 좋다.

그러나 이에 대한 주도권은 어디까지나 인간이 장악하고 있어야 한다. 미국이 월남전에서 참담한 패배를 당했던 것은 참전 여부에 대한 결정까지 컴퓨터에 의존했기 때문이라고 한다.

아무리 성능이 좋은 컴퓨터가 생산되어 세계적으로 팔린다고 해도 그 컴퓨터는 프로그램화 되어 있는 내용 외에는 효용성이 없다. 그래서 인간이 지닌 창의성이나 직감 같은 요소는 아무리 발달하여도 그것을 컴퓨터가 발휘하기에는 거의 불가능하다.

그러한 의미에서 오늘날의 비즈니스맨에게는 컴퓨터에게 물어보아야 할 문제를 발견하고, 또한 이를 창출해 내는 능력이 요구되고 있다. 그 능력이 바로 기획력이다.

요즘 기업들이 신입사원을 채용할 때 가장 많이 쓰는 방식이 기획서를 준비하여 프레젠테이션을 하라는 것이다. 취업도 바야흐로 전략적으로 기획을 해야 하는 시대가 되었다는 말이다. 이런 시대적 흐름을 따라가지 않는다면 당신은 당연히 낙오자가 될 것이다.

문 02 기획과 아이디어의 차이점은 무엇입니까?

답 첫째, 아이디어는 단발적 형태로도 존재할 수 있지만, 기획은 단순하지 않다. 둘째, 아이디어는 그 시점에서 반드시 실현 가능한 것이어야 할 필요는 없으나, 기획은 현실적인 목적과 밀착하여 가까운 장래에 실현시킬 수 있는 가능성을 가져야 한다. 셋째, 기획은 방향성을 가진 창조라는 점에서 아이디어와 다르다.

해설 기획의 의미와 내용을 좀더 명확히 하기 위해서 기획과 아이디어의 차이를 생각해 보자.

새롭다는 면에서 본다면 기획은 아이디어와 깊은 관계를 가지고 있다. 그러나 본질적인 면에서 다음 세 가지의 차이가 있다.

첫째, 아이디어는 단발적 형태로도 존재할 수 있지만, 기획은 단순하지 않다.

크고 작은 여러 가지 아이디어가 서로 얽히고, 다시 하나의 기획이 진행되는 과정에서 많은 아이디어가 개발, 동원된다. 이것들은 어떠한 목표를 향해서 유기적으로 통합되어 있어야 한다. 처음에는 단발적 아이디어였다고 해도 그것을 기획이라는 형태로 만들기 위해서는 수많은 아이디어의 집적이 필요하고, 동시에 그 유기적 통합이 요구된다.

둘째, 아이디어는 그 시점에서 반드시 실현 가능한 것이어야 할 필요는 없으나, 기획은 현실적인 목적과 밀착하여 가까운 장래에 실현시킬 수 있는 가능성을 가져야 한다.

실행 도중에 난관에 부딪쳐서 햇빛을 보지 못하고 끝나버리는 기획도 적지 않다. 그러나 기획이 입안되는 시점에서는 현실적 실현 가능성을 면밀히 검토해야 한다. 이러한 검토를 거치지 않은 것이라면 기획이라고 할 수가 없다.

셋째, 기획은 방향성을 가진 창조라는 점에서 아이디어와 다르다.

아이디어는 처음부터 방향성을 필요로 하지 않는다. 문자 그대로 확산형 사고 중에 모든 가능성이 펼쳐지는 것이다. 이에 비해 기획은 목적에 따른 충분한 방향성이 있어야 한다. 또는 방향성 없는 아이디어에 일정한 방향성을 부여하고, 이를 일정 목적에 맞추어 집약시키는 과정에서 기획이 성립되기도 한다.

예를 들어 어떤 사람이 아이들의 불장난으로 목마가 타고 있는 안타까운 모습을 보고 불연성 재질의 목마를 제작할 생각을 했다고 하면 그것만으로는 아이디어의 성격이 강하다. 그러나 똑같은 아이디어라도 장난감 회사의 사원이 기업의 실적을 올리기 위해 그 개발을 제안했다면 이는 분명히 기획이 된다.

계획성을 둔 방향성이 있다

그 차이는 어디에 있는 것일까.

앞의 경우는 돈벌이라는 의도는 있었지만, 확실한 방향성 없이 우연히 생각해 낸 것에 지나지 않지만, 뒤의 경우에는 그 발상의 기초가 다르다. 이 사원은 평소부터 문제의식을 가지고 장난감 판매에는 몇 가지의 유형이 있으며, 그의 따른 구매 과정까지 철저히 분석하고 있다는 점에서 전자와는 다르다.

이처럼 기획이 계획성을 둔 방향성 있는 사고라면, 아이디어는 단발적인 사고 과정이라고 할 수 있다. 무엇보다 아이디어는 기획하는 데 있어서 필수 요건이 되고 상호 연관성을 갖는다는 점은 두말할 나위 없다. 다시 말해서 아이디어를 얻었다면 체계적으로 그것을 정리하고, 설득력 있는 타당성을 준비하여 객관화시키는 작업이 필요한데, 이것이 바로 기획이다.

문 03 기획과 계획의 차이점은 무엇입니까?

 답 기획이 목표의 설정이라는 역할을 하는 데 대하여, 계획은 기획된 목표를 실행하기 위한 구체적 접근의 방책을 설정하는 것이다.

해설 '기획' 과 '계획' 의 차이는 무엇일까.

오늘날과 같이 문제 해결에 영향을 미치는 요인이 복잡 다양하고, 서로 얽혀서 무한한 변화를 나타내게 되면, 그때그때 형편에 따라 행동하는 방식이나 개인의 직감 및 경험에만 의지해서는 적절하게 대처할 수가 없다. 그래서 비즈니스 세계에서는 말할 것도 없고, 다른 분야에서도 계획이란 말을 많이 사용한다.

이때 계획이란 주어진 문제와 관련된 수많은 요인 요소를 논리적으로 분석하고, 불확실한 요소를 검토한 뒤에 과학적인 해결책을 수립하는 것을 말한다.

사실 계획과 기획을 동일한 의미로 사용하는 사람도 적지 않은 것 같다. 그러나 일반적으로 계획이란 주어진 목표에 관한 구체적 절차를 결정하거나 이를 실행하기 위한 순서를 생각하는 것을 의미한다.

즉, 기획이 목표의 설정이라는 역할을 하는 데 대하여, 계획은 기획된 목표를 실행하기 위한 구체적 접근의 방책을 설정하는 것이다. 이러한 의미에서 기획과 계획은 상당한 차이점을 갖고 있다고 할 수 있다.

그리고 기획은 기간적인 특성이 있다기보다는 목표를 설정하고 창의성에 주안점을 두고 있는 반면, 계획은 시간의 흐름에 따라 진행되는 기간적인 특성을 갖는다.

예를 들어 어떤 회사에서 기능사 자격증을 가진 공업고등학교 출신을 채용하기 위한 '계획'을 수립했다고 하자.

이러한 경우 지금까지의 경험에 비추어 인사부의 A씨는 몇 군데의 공업고등학교에 연락을 취해서 언제까지 어디에서 몇 명, 또 어디에서 몇 명을 확보한다는 방책을 세운다. 그리고 이에 따른 일정표나 예산안이 작성되고, 인원의 배치안도 결정될 것이다. 이것은 계획이다.

이에 대하여 기획은 다음과 같다. 위의 예에서 아무리 불황이라고 해도 기능사 자격을 가진 고졸 직원을 확보하는 것은 쉬운 일이 아니다. 이를 확보할 수 있는 좋은 방안은 없는지를 생각한다.

기획의 활동이 시작되는 곳

여기서부터 비로소 '기획'의 활동은 시작된다. 지원자들로 하여금 회사에 대한 매력을 갖도록 하기 위해 입사 후에 아파트 입주를 약속하거나, 현재 회사에 근무하고 있는 사람들이 직접 모교의 졸업 예정자를 찾아가 교섭하는 식의 연구가 시작된다. 이러한 방책에 충분한 채산성과 논리성이 있고, 실현 가능성이 있을 때에 비로소 '기획'이라고 할 수 있는 것으로 성장한다.

이렇게 생각할 때 기획과 계획의 본질적인 차이는 창조성의 유무에 있는 것이다. 창조성이 있는 새로운 아이디어가 첨가됨으로써 이미 존재하는 것을 꿰어 맞추는 계획과는 달리, 기획은 새로운 모습을 띠게 되는 것이며, 이때부터 비로소 기획의 과정으로 진입하는 것이다.

그렇다고 해서 자칫하면 기획이란 매우 어려운 작업이라는 선입견을 갖기 쉬운데, 전혀 그렇지 않으므로 우선 기획을 쉽게 생각할 필요가 있다.

당신이 오늘 무슨 일을 하고 누구를 만날 것인가를 계획할 것이다. 연인을 만난다면 오늘 새로운 컨셉의 옷차림으로 나가야겠다고 생각할지도 모른다. 그런 때 과연 남보다 좀 튀는 옷차림에는 어떤 것이 있을까 하고 생각하는 것이 바로 기획의 시작이라고 생각하면 된다.

문
04
기획에서 가장 중요하게 요구되는 것은 무엇입니까?

답
기획에서 요구되는 것은 창조성, 현실성, 그리고 논리성이다.

해설 미국의 한 비료회사에서 콩 찌꺼기로 만든 비료가 생각대로 팔리지 않아 엄청난 재고가 쌓이게 되었다. 어떻게 해서든지 이를 팔아넘기지 못하면 회사의 장래까지 위태로운 상태였다.

비료의 매상을 현재의 2배로 늘리라는 사장의 특별 지시에 따라 영업부에서는 머리를 맞대고 판매 전략을 논의했다. 그러나 비료에 대한 수요의 절대적인 부족이라는 이유 때문에 좀처럼 좋은 생각이 떠오르지 않았다. 이때 한 직원이 제안을 내놓았다.

"우리 제품은 식물에 주면 비료가 되지만, 가축에게 먹이면 사료가 될 수 있지 않습니까? 한번 가축의 먹이로 팔아볼 수는 없을까요?"

곧바로 여러 가지 실험을 해보고 다양한 데이터를 수집해 본 결과, 돼지 사료로 적합하다는 결론을 얻었다. 그러나 조사해 보니 생각만큼 돼지를 사육하는 농가의 수가 많지 않아서 매상을 2배까지 늘릴 수는 없었다.

보통이라면 여기에서 포기하고 말았을지도 모른다. 그러나 이 회사의 영업부에서 새로운 방법을 모색했고, 결국 새로운 방안을 찾아냈다.

'돼지를 사육하는 농가의 수를 늘리고, 사육하는 돼지의 수를 늘리면 비료가 아닌 사료로 훨씬 더 많이 판매할 수 있을 것 아닌가.'

그래서 먼저 '돼지를 사육시키기 위한 대작전'에 대한 면밀한 기획이 수립되었다. 이 기획안에 따라 영업부원들이 농가나 목축업을 하는 사람들을 직접 찾아가 돼지 사육이 수입 증대에 얼마나 유리한가를 설명했다. 그리고 돼지새끼와 사료를 무어자로 대여해 주는 대신, 출하한 돼지의 판매 대금은 회사와 양돈업자가 절반씩 나누어 갖자는 제안을 했다.

이러한 방식으로 해서 비료회사는 그들이 목표했던 대로 매상을 배로 늘리는 목표를 달성할 수가 있었다. 기획의 조건을 생각할 때, 이 '돼지 사육시키기 대작전'은 여러 가지 시사하는 바가 크다.

'비료를 사료로 쓸 수는 없을까' 하는 획기적인 발상의 전환과, 사료를 팔기 위해서 돼지를 사육시키도록 환경을 조성한다는 데에 놀라운 창조성이 있다. 그리고 이 일이 과연 가능한가,

또 가능하도록 하기 위해서는 어떠한 방식이 있겠는가를 생각해 낸 점에서 현실성과 논리성을 갖추고 있다.

기획은 현실성이라는 점에서 아이디어와 다르다

이와 같이 기획은 현실성이란 점에서 아이디어와 다르고, 창조성이란 점에서 계획과 다르다. 그러나 논리성이라는 점에서는 계획과 유사한 점을 갖고 있다고 할 수 있다. 즉, 기획이란 창조성, 현실성, 논리성이라는 세 가지 요소를 고루 갖추어야 하는 것이다.

대부분의 사람들은 기획력이 특수한 사람이 가진 천부적인 능력인 것처럼 생각하는 것 같다. 전혀 그렇지 않다. 기획력은 누구에게나 잠재되어 있는 능력이다. 기획력이 없다는 것은 아이디어를 표출시키고 단련시키기 위한 훈련을 게을리했기 때문이다.

가장 쉬운 방법은 평상시에 끊임없이 '왜?'라는 의문을 묻는 습관을 갖는 것이 그 첫걸음이다.

문 05 어떤 기획이 뛰어난 기획입니까?

답 기획력이 요구되는 첫번째 요소는 기획 내용의 신선함과 개성이며, 기획의 바탕이 되는 착상이나 아이디어의 참신함이다. 무엇보다도 사람들을 감탄시킬 만한 기발한 착상이 기획의 매력이요, 꽃이라 할 것이다.

해설 "이번 신제품 판매에 관한 좋은 기획안 없나?"

"A군에게 기획을 생각하게 하면 어떻겠습니까?"

"안 돼. A군은 머리는 좋은데 기획력이 너무 없어. B군을 시켜 보면 어떨까?"

어느 회사에서나, 언제든지 들을 수 있는 대화 중의 하나이다. 보통 우리는 이런 식으로 기획이라든가 기획력이라는 말을 사용하고 있다.

이때 사용하는 '기획' 이라는 말이 나타내는 의미와 내용은 단순히 어떤 일을 하기 위한 좋은 생각이라든가, 무엇인가 새로운 착상을 나타내는 것으로부터 실행이 가능하고 성과를 기대할 수 있는 완성된 계획(실행 가능한 계획)을 의미하는 것에 이르기까지 여러 가지가 있다.

그렇다면 이 기획력이란 구체적으로 무엇을 나타내는 것일까.

기업에서는 여러 가지 경우에 기획을 필요로 하고 사용한다. 이를테면 신제품 기획, 판매 촉진 기획, 사원 교육 기획, 해외 진출 기획, 광고 선전 기획 등이 그것이다.

왜 이러한 기획이 요구되는가.

그것은 현재의 판매나 생산, 또는 홍보의 방법에 무엇인가 부족한 점이 있다든가, 아니면 좀더 효과적인 방법으로 바꾸고 싶다든가, 새로운 사고방식을 도입해야 할 필요성이나 의도가 작용하기 때문이다.

현재의 제품이나 상태와 똑같은 형태, 똑같은 방식이나 생각을 답습하려고 한다면 특별히 새로운 기획은 필요하지 않다. 이 때는 기존의 기획을 연장시키거나 반복하는 것만으로도 충분하다. 이러한 경우에는 기획으로서의 신선미가 떨어질 수밖에 없다.

우리는 기발한 아이디어를 바탕으로, 이를 뒷받침하는 뛰어난 기획으로 빛나는 성과를 이룩한 기업의 이야기를 자주 듣는다. 성공하느냐 실패하느냐, 남들이 부러워할 만큼 찬란한 업적을 이룩하느냐, 비웃음과 성토의 목소리를 뒤로하고 쇠락의 길로 떨어지고 말 것인가는 오직 기획력 하나에 달려 있다고 해도 과언이 아니다.

기획력의 첫 번째 요소

이러한 기획력에 요구되는 첫 번째 요소는 기획 내용의 신선함과 개성이며, 기획의 바탕이 되는 착상이나 아이디어의 참신함이다. 무엇보다도 사람들을 감탄시킬 만한 기발한 착상이 기획의 매력이요 꽃이라 할 것이다.

또한 좋은 기획, 뛰어난 착상에 의한 훌륭한 기획이라고 해도 그 기업이나 조직에서 실현할 수 없는 것이라면 그 기획은 그림의 떡에 지나지 않는다.

그러므로 될 수 있는 한 현실적으로 실현 가능한 기획이면서도 기대효과는 큰 기획일수록 뛰어난 기획이다. 바꿔 말하면 실현이 어렵고 기대효과가 적은 기획일수록 졸렬한 기획인 것이다.

즉, 뛰어난 기획이란 '뛰어난 아이디어 × 실현 가능성 = 큰 기대효과' 의 등식이 성립된다.

문 06 뛰어난 기획자의 조건은 무엇입니까?

 답 하나는 기획을 위한 아이디어의 발상력이고, 또 하나는 기획의 실천력 내지 그 내용을 실현할 수 있도록 기획을 마무리하는 힘이다.

 해설 마케팅에서 성공한 기획은 수많은 사람들로부터 공감을 이끌어 낸, 설득력 있는 내용이다. 사람들이 간지러워하는 곳을 제대로 긁어줄 때 그 기획은 대성공이다.

뛰어난 기획을 뛰어난 아이디어와 실행의 가능성의 복합이라고 한다면, 기획력이 뛰어난 사람이 되기 위해서는 이 두 가지 조건이 다 필요하다는 사실을 알게 될 것이다.

즉, 하나는 기획을 위한 아이디어의 발상력이고, 다른 하나는 기획의 실천력 내지 그 내용을 실현할 수 있도록 기획을 마무리하는 힘이다.

당신이 뛰어난 기획자가 되고 싶다면 단순한 아이디어만으로는 충분하지 않다는 것을 기억해야 한다. 즉, 아이디어맨이 곧 뛰어난 기획자는 아니라는 사실을 명심한다.

기업이 기획에 기대하는 것은 기획이 실행되었을 때 가져올 매출 및 이익의 증가, 원가 절감, 사원의 사기 고양, 특약점의 연대의식 강화 등 유형과 무형의 좋은 결과들이다. 아무리 아이디어와 기획력이 돋보인다고 해도 좋은 결과를 가져오지 못하는 기획은 기업의 입장에서는 뛰어난 기획이라 할 수가 없다.

또한 뛰어난 아이디어를 바탕으로 큰 기대효과가 예견되는 기획이라고 해도 기획자가 열중하는 것처럼 상사나 동료들도 공감하고 박수로 환영한다고 할 수는 없다.

'생각은 재미있지만, 우리 회사의 실정으로 볼 때……'

또는 '너무 특이해서 모두가 이해하기는 힘들겠는데……' 라는 비판이나 반발이 나오거나, 예산·인원·시간 등 실현 조건에 여러 가지 곤란한 점이 있어 기획회의에서 채택되지 못하는 경우도 적지 않다.

가공 조정능력이 필요하다

따라서 기획자는 좋은 착상이나 기발한 아이디어 등을 기획의 실행 계획 속에 소화시켜 누구에게나 지지와 공감을 얻을 수 있도록 가공, 조정하는 능력도 필요하다. 즉, 설득력을 가져야 하는 것으로 그런 의미에서 기획자는 뛰어난 세일즈맨이어야 한다.

똑같은 기대효과나 기회 목표를 갖는다면 그 가운데 형식이 간단하고 알기 쉬운 쪽이 좋다. 즉, 기획안은 내용 파악이 용이

하고 인원과 경비, 그리고 시간 등이 조금 소요되는 내용이 바람직하다.

기업이라는 조직 속에서의 기획은, 대부분 한 개인이 진행하는 것이 아니라 동료나 상사를 설득하거나 다른 분야의 승인을 얻어야 실행할 수 있다.

따라서 다른 사람에게 설명하거나 이해시키기 어려운 기획은 특별한 설득력이 없이는 햇볕보기가 어렵다. 때문에 기획자는 다양한 방법으로 자신의 기획을 조직에 이해시키고, 지지를 얻어, 실행으로 이끌어가는 방법을 알아서 이를 실행할 수 있는 사람이어야 한다.

아무리 뛰어난 아이디어이고, 실행으로 인한 기대효과가 크다고 해도 이를 실현시킬 수 있는 설득력이 없다면 뛰어난 기획자라 할 수 없다.

기업에서 요구하는 기획은 어떤 것입니까?

답 최고의 아이디어 수준을 유지하면서 실천 타당성이 있는 기획이다.

해설 뛰어난 기획이나 기획자란 무엇인가를 기업의 입장에서 생각해 보자.

A는 대단한 아이디어맨으로, 특이한 아이디어를 내는 능력이 탁월하다. 그러나 이를 실현 가능한 기획안으로 마무리하는 능력이 떨어지는데 그 이유는 자기 아이디어만을 고집하는 경향이 있기 때문이다. 이에 비해 B는 A만큼 아이디어가 뛰어나거나 풍부하지는 못하지만, 대단한 노력가로 회사 사정상 어느 정도면 실현 가능한지, 어떻게 하면 상사들을 설득할 수 있는가를 잘 알고 있다.

같은 기획부에 근무하는 A와 B는 지난 1년 동안 A는 30건, B는 10건의 기획안을 작성했다. 기획 회의를 통과하여 실행에 옮긴 기획안의 수는 A가 3건, B가 6건이며, 기획의 실현 효과도 B 쪽이 훨씬 높았다.

기업의 입장에서 보면 A와 B 중 어느 쪽을 더 뛰어난 기획자로 판단할까. 틀림없이 B를 A보다 적어도 두 배 이상 뛰어나다고 판단할 것이다.

그렇게 되면 A는 대단한 불만을 갖게 될 것이다. A는 B보다 3배의 기획안을 제안했고, 아이디어의 독특함에 있어서 자신이 훨씬 낫다고 믿고 있기 때문이다. A는 상사가 B를 편애하거나 A의 기획을 까다롭게 다루어 부결시켰다고 생각할 것이다.

그러나 회사 입장에서는 A와 B의 기획력을 기획의 수로 판단하는 것이 아니라 질, 즉 그 결과로 판단한다. B의 기획 횟수는 적지만, 채택률이 높고 결과도 좋다. 이른바 기획 효율이 높다. 그런데 A는 쓸데없는 기획이 많아 그 효율이 낮다. 이것은 객관적 사실이므로, 본인의 의사와는 일치하지 않는다.

아이디어를 회사 실정에 맡도록 유도한다

그럼 회사 입장에서는 어떻게 하는 것이 바람직한가. A에게는 풍부한 아이디어를 회사 실정에 맞는 기획으로 만들 수 있도록 지도해야 한다. B에게는 A의 풍부한 아이디어 능력을 흡수하여 좀더 예리한 기획자가 되도록 이끌어 나가야 한다. 더욱 기획을 효율적으로 하는 가장 좋은 방법은 이 두 사람을 공동으로 기획을 하게 만드는 것이다.

따라서 A가 가진 아이디어 능력에 B의 실행력을 더하면 이상적이므로 두 사람을 잘 융화시켜 서로의 장점을 효과적으로 이용하여 멋진 기획이 나오도록 회사 입장에서 유도하는 것이다.

특이한 것만을 노리는 기획奇劃의 이질성만을 기획력으로 중시하는 것은 잘못된 생각이다.

기업에서는 최대한의 아이디어 능력과 실현 가능성을 추구할 수 있는 기획자를 육성해 가는 것이 최선의 성과를 낼 수 있다는 점을 명심해야 한다.

모름지기 기획자라면 커뮤니케이션 능력을 겸비해야 한다. 여러 사람의 의견을 종합해서 조율할 수 있는 능력도 있어야 하고, 그 의견을 상부에 전달하는 과정까지가 모두 커뮤니케이션 능력인 것이다. 게다가 주변 업체나 관계기관 그리고 소비자까지 고려할 수 있다면 더욱 훌륭한 기획자라 할 수 있다.

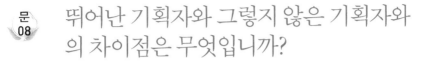

문 08

뛰어난 기획자와 그렇지 않은 기획자와 의 차이점은 무엇입니까?

답

첫째, 기획하는 대상(테마)의 결정 방법의 차이.

둘째, 기획에 관한 아이디어 발상의 차이.

셋째, 착상이나 아이디어를 구체적인 기획안으로 마무리하는 능력의 차이.

넷째, 기획을 제안하고, 실행하게 하는 설득력의 차이다.

해설

당신이 뛰어난 기획자가 되려고 뜻을 세웠다면, 어떠한 순서 와 어떠한 항목에 관하여 자기 능력을 계발하고, 이를 증진시 켜 나가야 좋을까.

세상에는 기획에 뛰어난 자질을 보이는 사람들도 많이 있다. 그러나 그들이 선천적으로 창조에 관한 천재적 자질을 가진 것 이라기보다 대부분은 여러 가지 시행착오를 겪으면서 점차 기획 의 요령이나 기획의 포인트를 터득한 경우가 많다.

따라서 특별히 기획의 순서나 발상법 등을 배우지 않더라도 오랫동안 기획을 하다 보면 어느 정도의 기획 능력을 익히게 된 다. 그러나 기획에도 이론적으로나 경험적으로 체득되어 온 순서와 방법이 있다. 오로지 자기 체험에만 의존하는 것보다 빨리 이 방법을 배우고, 실제로 활용하면서 효과적으로 일정 수준의 기획 능력을 익힐 수 있다.

기획 방법이나 기획력 계발에 관한 특별한 방법이나 학문적 체계를 갖춘 것은 없다. 따라서 이런 방법이 아니면 안 된다 또는 이런 방법이 가장 좋다고 하는 공인된 이론이나 방법론이 확립되어 있는 것도 아니다. 현재의 이론이나 방법론으로 설명할 수 있는 범위는 이러한 방법, 이러한 생각이 좀더 낫다고 하는 정도다.

기획방법과 기획의 계발의 차이점

기획 방법이나 기획력 계발에 대해 괴로워하며 자신의 능력 부족을 느끼는 사람은 이렇게 좀더 낫다고 하는 방법이나 생각을 배우고 실천해서 기획자로서의 기본을 확립하는 것도 바람직하다.

분명히 뛰어난 기획자와 그렇지 않는 사람과는 무엇인가 다른 데가 있다. 그 무엇인가가 실제로 어떠한 것인가를 될 수 있는 한 구체적으로 인식한 다음, 그 방법을 답습해 보는 것이 좋다. 즉, 다른 사람이 했던 방법을 모방해 보는 것이다. 모방은 창조의 어머니라고 하지 않는가.

혼자서 기발한 방법이나 기획을 개발하기 위해 비지땀을 흘리는 것보다 이미 다른 사람이 사용해 보았던 방법 중에서 자기에게 가장 알맞은 방법을 골라 이를 모방해 봄으로써 독자적인 자기 세계의 기초를 닦는 훈련을 할 수 있다. 그렇게 하면 자기 오류에 빠져 헤매는 시행착오를 겪는 것보다는 훨씬 빠르게 기획의 요령을 터득할 것이다.

뛰어난 기획자와 그렇지 못한 기획자의 차이점은 무엇일까.

첫째, 기획하는 대상(테마)의 결정 방법의 차이.

둘째, 기획에 관한 아이디어, 발상의 차이.

셋째, 착상이나 아이디어를 구체적인 기획안으로 마무리하는 능력의 차이.

넷째, 기획을 제안하고, 실행하게 하는 설득력의 차이.

이 정도의 차이가 뛰어난 기획자와 그렇지 않은 기획자를 구분 짓는 요소로 정리된다. 즉, 딱 들어맞는 기획 테마를 설정하여 참신한 아이디어를 첨가한 다음, 이를 실천 가능한 구체적인 기획안으로 정리해서 실행에 옮길 수 있도록 결정권자를 설득시킬 수 있는 사람이야말로 뛰어난 기획자이다.

**문
09** 기업의성과는 무엇으로 얻어집니까?

답 기업의 성과는 문제를 해결함으로써 얻어지는 것이 아니라 기획을 개발함으로써 얻어지는 것이다.

해설 과거에는 문제해결이 전진을 위한 첫 걸음이라고 생각했지만, 지금은 다르다. 문제는 해결되지 않더라도, 즉 많은 문제를 짊어지고 있음에도 불구하고 어쨌든 앞으로 나아가는 기업이 승리한다.

옛날에는 돌다리도 두드려 보고 건너는 것이 상책이었다. 그러나 강 저쪽에 보물이 있는데, 우선 강을 건널 다리가 돌다리인지, 부서진 데는 없는지를 조사하고 건너는 것은 옛날 방식이 되었다. 이제는 다르다. 다리가 튼튼한지 조사하다가는 보물을 놓치고 만다. 우선 다리를 건너보아야 한다. 그러나 많은 기업들이 이런 사실을 간과하고 있다. 과거의 상식에 얽매어 우물쭈물 망설이게 된다.

누군가가 좋은 아이디어를 내도, 그 아이디어를 실행할 수 없는 이유부터 찾으려 한다. '이러한 점에서 곤란할 것 같은 데……', 또는 '자금이 부족해서'와 같은 이야기를 하면서, 그 아이디어를 실행에 옮기기도 전에 먼저 문제를 해결해야 한다는 생각에 사로잡혀 있다.

이런 사람들은 '앞을 보고 있는 것 같지만 실은 백미러를 보고 있다'는 맥루한의 말처럼 뒤, 즉 과거만을 보고 있는 것이다.

대부분의 인간은 그 상황이 자기 앞을 지나간 다음에야 비로소 볼 수가 있다. 많은 사람들이 지금 전 세계가 하나로 연결되어 모든 정보를 실시간 공유할 수 있는 인터넷 시대에 살고 있음에도 정작 받아들이지 못하는 것 같다. 아직도 대부분의 회사에서는 활자 시대나 고전적 사고방식이 지배적이고 앞서나가는 생각은 엉뚱하다거나 미친 짓으로 배척받기 일쑤다.

문제를 파악하는 것이 더 중요하다

컴퓨터 시대에는 문제 해결은 컴퓨터에 맡기고, 인간은 어떠한 프로그램을 컴퓨터에 장착시킬 것인가 하는 문제 제기에 중점을 두어야 한다. 즉, 현대에는 문제가 어디에 있는가? 하는 문제 제기가 중요하지, 문제를 어떻게 풀 것인가? 하는 문제 해결은 두 번째다.

그런데도 우리나라의 교육에서는 여전히 문제 해결이 우선하고 있다. 문제 제기는 미루어 놓고, 해답을 구하는 훈련만 하고 있는 것이다. 더욱이 그 해답이 객관식이고 보면, 그곳에서는 창조성이 계발될 여지가 전혀 없다.

암기란 쓸모가 없는 것이다. 아무리 기억력이 뛰어난 사람도 컴퓨터의 기억 용량을 당할 수는 없다. 오늘날과 같은 정보 과잉 시대에 있어서는 더욱 그러하다.

이제부터는 창조적 계발이 주가 되어야 한다. 다시 말해서 훈련(training)에서 계발(development)로 전환되어야 한다. 훈련은 한 가지 일을 여러 번 반복시켜서 그 기술에 능숙한 인간이 되도록 하는 것인 데 비하여, 계발은 그 인간의 가능성을 깨우쳐 창조력을 갖게 하는 것이다. 구멍을 깊이 파는 방법을 가르칠 것이 아니라, 어디에 구멍을 팔 것인가를 가르쳐야 한다.

문 10 문제를 제기할 때 무엇을 기준으로 해야 합니까?

답 과거를 기준으로 삼아서는 안 되며 미래를 기준으로 삼아야 한다.

해설 스티브 잡스는 픽사를 통해 와신상담하여 다시금 애플로 돌아와 아이팟으로 새로운 혁신을 일으킬 수 있었다. 그 요인이 그의 내면에 살아 숨 쉬고 있던 뛰어난 기획력 때문이라고 평가하는 전문가들이 많다. 이와 같이 기획력의 중요성이 각광받는 시대가 되었다.

현대사회만큼 산업이 눈부시게 도약하는 시대는 과거를 돌아볼 여유가 없다. 아니, 돌아볼 필요가 없다. 끊임없이 쏟아져 나오는 새로운 사상과 물질들은 더 이상 과거의 창조물이 아니기 때문이다.

피터 드럭커는 『단절의 시대』라는 책에서 "현대는 논리적 연결이 과거와 현재 사이에 명백히 흐르고 있는 시대가 아니다."라고 말했다.

과거와 현재의 단절, 아버지와 아들의 단절, 교사와 학생의 단절, 경영자와 사원의 단절 등에 의하여 현대는 논리적인 연속이 없는 상태가 되었다는 것이다. 과거와 현재 또는 미래가 연속되어 있던 시대에는 과거의 지식이 쓸모가 있었다.

그러나 과거의 상식은 현재에서는 비상식인 경우가 많다. 어제 가치 있던 것이 반드시 오늘도 가치 있을 수는 없으며, 지금 올바른 것이 앞으로도 계속 올바르다고 할 수 없는 시대라는 말이다.

과거의 지식은 현재에 별다른 도움이 되지 않으며, 오히려 해를 끼치는 경우가 있다. 옛날 같으면 아버지의 가치기준과 아들의 가치기준 혹은 손자의 가치기준이 모두 같았다. 그러나 현대에는 아버지의 가치는 아들에게 아무 쓸모없는 것으로 비쳐질 수도 있다.

아버지와 아들, 선배와 후배 사이는 그 사고방식, 생활 감각에 있어 도저히 메울 수 없는 간격으로 끊겨 있다. 즉, 세대 간 시대 간에 단절되어 버린 것이다.

이러한 시대를 살고 있는 우리는 항상 앞만 보아야 한다. 과거에 얽매여서는 안 된다. 그럼에도 불구하고 사람들은 '전에 이렇게 했는데……' 라는 식으로 과거를 판단의 기준으로 삼고 있다.

옛날 같으면 과거를 기준으로 삼아도 괜찮았다. 그러나 시대의 변천과 가치의 단절이 큰 현대사회에서는 과거를 기준으로 해서는 안 되며, 미래를 기준으로 삼을 수밖에 없는 상황이다.

목표가 있는 지점을 미루어 짐작한다

엄밀히 말한다면, 미래에는 기준이라는 것이 없다. 그러므로 불분명한 상태에서 목표가 있는 지점을 미루어 짐작할 수밖에 없는 것이다. 앞을 예측하는 것이므로 들어맞지 않을 가능성도 크지만, 들어맞는다면 그 수확 또한 클 것이다. 과거의 것을 기준으로 조금씩 개량해 나가는 방식으로는 발전은 더딜 수밖에 없으므로 큰맘 먹고 앞만 보면서 밀고 나가는 자세를 취해야 한다.

물론 앞만 보는 데는 위험이 따른다. 미래만을 향해 나아간다는 것은 생각해 보면 무섭고 두려운 일이어서 좀처럼 발을 내딛기 어렵다. 그래서 사람들은 앞을 보고 있다고 생각하면서 사실은 백미러를 통해 과거를 보고 있다는 사실을 깨닫지 못하는 것인지도 모른다. 그러므로 어떠한 문제를 제기할 때, 과거를 기준으로 한 것은 아닌가를 생각해야 한다. 보이지 않는 미래를 보기 위해서는 커다란 용기가 필요하기 때문이다.

기획에 필요한
정보 구하기

기획에서 정보는 어떤 위치를 차지합니까?

확실하고 신뢰할 수 있는 정보를 얻지못하면 좋은 기획을 할 수 없다.

인간은 자기가 하고 있는 일에 대하여 미처 깨닫지 못하고 지내는 일이 많다. 어떤 환경 속에 머물러 있을 때에는 그 환경을 정확히 알지 못한다. 숲속에 있으면 숲 전체를 보지 못하는 것과 같다.

캐나다의 문화비평가인 맥루한은 이를 '물을 발견한 것은 물고기가 아니다' 라고 멋지게 표현했다. 즉, 어떤 환경 속에 있는 동안에는 그 환경 자체를 알지 못한다는 말이다.

이와 마찬가지로 현대인들은 현대가 얼마나 빠르게 변화하며, 얼마나 정보 과잉 시대인지를 미처 깨닫지 못하는 경우가 많다.

실제로 정보 과잉의 환경에서 살면서 정보가 왜 필요한지, 어떤 정보가 실질적으로 필요한지, 어떤 정보를 취해야 하는지를 모르는 경우가 많기 때문에 기획력에 대한 요구가 그에 비례해서 더욱 높아지는 것인지도 모르겠다.

'뛰어난 기획자는 이야기꾼' 이라는 말이 있다. 기획이란 단편적인 것이 아니라, 광범위한 분야에 대한 폭넓은 지식을 내포하고 있어야 한다는 말이다.

그래서 비즈니스맨들은 오늘도 기획을 위해 머리로, 발로 뛰고 있는 것이다.

드럭커는 그의 저서에서, 역사상 존재하는 과학 기술을 발견하고 발명한 과학자의 90퍼센트는 현대에 살아 활동하고 있는 사람들이라고 말했다.

몇 천 년의 인간 역사 중 활동한 과학자의 수는 최근 50~60년 동안에 활동한 과학자 수의 10분의 1 정도밖에 되지 않는 점을 지적한 말이다.

현대는 정보의 홍수 시대

옛날 같으면 일생 동안에 걸쳐 알 수 있었던 정보의 양이 현대에는 단 하루에 쏟아져 들어온다. 현대는 이렇게 눈이 어지러울 정도로 변화 속도가 빠르다. 그래서 현대를 정보 시대라고 하지 않는가.

이러한 시대에 알맞은 생활방식은 따로 있다. 예컨대 책을 읽는 방법에도 그 차이가 생겼다. 정보 시대이므로 독서는 반드시 필요한 것이지만, 그렇다고 옛날처럼 처음부터 끝까지 숙독할 필요는 없다.

옛날에는 한 권씩 일일이 베껴서 책을 만들었다. 한 권을 베끼는 데 몇 달이 걸렸고, 그렇게 만들어졌기 때문에 책의 수가 적었다. 따라서 한 권의 책을 몇 십 번씩 읽어서 그 속에 담긴 뜻을 완전히 이해하고, 이를 응용할 만한 지혜를 습득할 필요가 있었다.

그러나 지금은 사정이 달라졌다. 일단 어떠한 책을 보면 이 책을 읽을 것인지 아닌지를 직관적인 판단력으로 가려내야 한다. 읽을 책을 선택한 다음에는 차례만 훑을 것인지, 일부 내용만 읽을 것인지, 그 범위를 재빨리 결정해야 한다. 요컨대 필요한 것만을 취사선택하는 것이 중요하다.

요즘처럼 정보로 가득 찬 시대에는 쏟아져 나오는 정보를 일일이 읽을 수가 없다. 그렇게 정보를 얻다가는 아무 일도 하지 못한다. '이 서류는 읽을 필요가 없고, 이것은 대략 요약만 하면 된다'는 식으로 수많은 정보 가운데 취사선택하는 지혜를 익혀야 하는 것이다.

현대가 어떤 시대인가, 그 환경이 얼마나 어지럽게 돌아가고 있으며, 변화는 얼마나 빠른가를 잘 이해한 연후에, 이에 대응할 수 있는 능력을 길러야 한다. 물을 발견하지 못하는 물고기가 되어서는 현대에서는 낙오하고 만다.

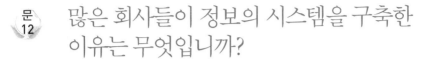

문 12

많은 회사들이 정보의 시스템을 구축한 이유는 무엇입니까?

답 정황의 변화를 재빨리 포착, 적절한 대책을 강구하기 위해서이다.

해설 정보적 가치에 대한 쉬운 예를 보자.

이제 사람들은 단순히 보온을 위해서 옷을 입지 않는다. 기분에 따라, 분위기에 따라 옷을 입고 구매하는 시대가 되었다.

백화점에 들러 최신 유행하는 드레스 한 벌을 50만 원에 사 입었다면, 50만 원의 옷값 중 35만 원은 디자인 값, 7만 원은 제작 원가, 나머지는 판매 이윤이라는 식으로 값이 매겨진다고 한다.

여기서 디자인 값 35만 원은 정보 가치에 대한 대가라고 할 수 있다. 즉, 현대인은 실용적 가치를 입고 마시는 것이 아니라, 정보적 가치를 입고 마시는 것이다. 파리에서 미니스커트가 유행하면 그와 거의 동시에 우리나라에서도 유행이 된다. 전 세계 여성이 동시에 같은 욕구를 가지고 미니스커트를 구입하는 것이다.

기업은 이 대중의 욕구에 부응해야 한다. 사람들의 요구를 재빨리 포착, 상품화하지 못하는 기업은 존속할 수 없게 된다. 아무리 좋고 값싼 상품을 만든다고 해도, 사람들의 잠재적 욕구를 충족시키지 못하면 팔리지 않기 때문이다.

매스컴의 발달은 인간의 욕구를 점점 복잡하고 다양하게 만드는 동시에 상품의 유행 주기를 짧게 만들었다. 예컨대 여성 의류의 유행 주기를 보면 극명하게 확인할 수 있다. 유행의 탄생도 갑작스럽지만 그 종말 또한 갑작스럽다. 그야말로 무엇이 튀어나올지 모르는 예측 불허의 상황에 놓여 있는 것이 오늘날의 흐름이다.

이렇게 무엇이 튀어나올지 모르는 상황에 놓여 있다는 사실은 기업의 입장에서는 심각한 문제가 아닐 수 없다. 변화의 방향만 포착한다면 대처 방법도 발견하겠지만, 무엇이 터져 나올지 모르는 상황에서 현명한 대처방법은 찾아낼 수 없기 때문이다.

그렇다고 아예 손을 놓아버리고 체념해 버릴 수도 없다. 어떠한 일이 발생하든 재빨리 이에 대응할 수 있는 수단을 갖지 않으면 기업은 도태의 길을 걸을 수밖에 없기 때문이다. 그래서 어느 기업을 막론하고 눈부시게 변화하는 기업 안팎의 정세에 대응하기 위해 사원들의 능력 계발에 온갖 노력을 기울이고 있는 것이다.

어떤 기업은 이미 오래 전부터 '미래 사업부' 를 발족시켜 본래의 사업뿐만 아니라 다른 사업에 대한 가능성을 추구하고 있다. 이것은 무엇이 튀어나올지 모르는 미래에 대한 포석이다.

또 많은 회사들이 '경영 정보 시스템' 을 확립시켜 놓은 것도 정황의 변화를 재빨리 포착, 적절한 대책을 강구하려는 움직임을 나타낸 것이라 하겠다. 인간 욕망의 복잡화·다양화 현상은 기업에 대해 숙명적인 시련을 강요하고 있는 셈이다. 그래서 기업의 제1의 숙제는 단연 기획력의 향상이 되었다.

많은 매출은 훌륭한 기획에서

'어떻게 하면 번뜩이는 아이디어로 고객을 사로잡을 것인가?

'상품을 돋보이게 할 수 있는 전략은 무엇일까?

이런 고민이 늘 따라다니며, 내부에서, 외부에서 훌륭한 기획자를 영입하려는 노력이 그에 수반되는 것이다.

훌륭한 기획만이 매출을 향상시키고, 그것이 기업의 사활로 이어지기 때문이다.

문 13 기획력이 가장 활발하게 왕성할 시기는 언제입니까?

 답 인생에서 30대부터 40대까지이다.

해설 흔히 사람들은 한창 젊은 나이에 가장 왕성한 사회생활을 하고, 그들이 사회에 기여하는 바가 가장 크며, 참신한 아이디어 역시 젊은이들에게서 나온다고 생각하는 경향이 있다. 하지만 그것은 잘못된 편견이다.

미국 프린스턴 대학의 연구팀은 동서고금의 자연과학자, 인문학자, 사회과학자의 업적을 조사하여, 그 가운데 가장 창조적으로 일을 한 연령 비율을 발표했다. 이 연구는 창조성이 가장 잘 발휘되는 연령이 전문분야에 따라 상당한 차이를 보인다는 사실을 증명하고 있다.

자연과학자가 일생 중에 가장 창조적인 업적을 이룩한 연령은 27~28세를 정점으로 전후 5년간이고, 그 이후에는 서서히 떨어진다. 이에 비하여 소설가는 40~45세를 정점으로 전후 10년간이고, 정치나 경제학자는 이 중간 정도의 경향을 보이고 있다.

이것은 무엇을 의미하는 것일까.

수학이나 자연과학이라는 학문 분야는 좁으면서도 깊은 지식을 필요로 한다. 그만큼 집중적인 지식의 흡수가 가능하고, 그러한 지식을 토대로 해서 창조적인 일을 할 수가 있다.

그리고 수학이나 자연과학에 있어서의 독창적인 일은 일종의 천재적 재능이나 순간적 두뇌의 번득임에 의존하는 바가 크기 때문에 머리가 서서히 굳어져 가는 30대를 지나면 별다른 성과를 올릴 수 없게 되어버린다.

이에 비하여 소설을 비롯한 문학 분야에서는 폭넓은 인생 체험이나 철학적 사고가 요구되기 때문에 대개의 경우 40대가 되어서야 비로소 창조적인 업적이 이루어진다. 그리고 사회과학에서는 그 학문적 성격으로 볼 때 자연과학과 문학의 중간쯤에 위치하는 것도 당연한 일이다.

비즈니스 세계에서 왕성할 시기

그렇다면 비즈니스 세계에서의 창조성은 어떠할까. 기술과 관계된 분야를 제외한다면, 그 일의 성격은 사회과학적 혹은 문학적이라 할 수 있는 경우가 많다.

보통 비즈니스맨은 30세가 넘어서야 관리직이 된다. 지식과 경험을 쌓은 30~40대가 인생에서 가장 충실한 시기라는 것을 생각할 때, 관리직이란 독창적인 일을 가장 기대할 수 있는 연령층에 속해 있는 셈이다. 즉, 이 시기야말로 기획력이 가장 잘 발휘될 수 있는 시기인 것이다.

비즈니스에 관한 지식도 쌓였고, 이런저런 일을 해오면서 어느 정도 경험도 축적되었다. 자신이 하는 일 또한 부분만을 보고 전체를 볼 수 없었던 젊은 시기에 비해, 전체를 총괄하고 전망할 뿐 아니라 자신이 다루는 부분을 통해 전체를 조감할 수 있는 입장에 서게 되는 것이다.

이 시기야말로 축적된 지식과 경험을 바탕으로 해서 예지가 발휘될 수 있는 때이며, 기획력 또한 자신의 일생 중 가장 알찬 결실을 맺을 수 있는 시기다.

만일 당신이 '나는 이미 중년이 아닌가. 창조성 계발과는 인연이 없다'고 체념해 버렸다면, 그것은 터무니없는 착각이라는 사실을 알았을 것이다.

당신의 창조성을 저해하고 있는 가장 큰 원인은 '사고', 즉 생각을 하지 않는 당신 자신의 태만에 있는 것이지, 이미 낡아버렸다고 생각하는 당신 머리에 있지 않다는 사실을 반드시 기억해야 한다.

좋은 기획이 나오기까지의 과정은 어떠합니까?

답 무엇인가 문제점에 매달려 의지적이고 의식적으로 맹렬하게 그 해결책을 생각하다가, 우연한 계기로 획기적인 아이디어가 생각나는 과정을 거쳐 비로소 좋은 기획이 탄생되는 것이다.

해설 세상에 우연으로 이루어지는 일이 있을까.

만유인력을 발견한 뉴턴은 사과가 나무에서 떨어지는 것을 보고 우연히 그 법칙을 발견한 것으로 알려져 있으나, 사실은 그렇지가 않다.

뉴턴 자신은 그 우연성을 부정하고 이렇게 고백하였다.

"나는 언제나 그 일을 생각하고 있었다."

사람들은 위대한 발명이나 발견을 한 사람을 천재라 하고, 자기 자신과 비교해 자기보다 훨씬 머리가 좋고, 운도 좋았기 때문이라고 간단히 생각해 버리는 경향이 있다. 그러나 아무리 천재라고 해도 고도의 사고활동이라는 노력 없이는 어떠한 발명이나 발견도 이룰 수가 없다.

바다에서 마그네슘을 채취하는 방법을 발견한 월라드 도우

박사는 자신을 '자동 연금술사' 라고 칭찬하는 말을 듣고 공식적으로 유감의 뜻을 표명하며, 자기의 천재성은 쓰라린 노력의 선물이라고 말했다.

미국의 제너럴 일렉트릭사에는 이른바 천재들이 많이 모여 있는데, 그들의 공통된 신념은 경영자의 말에 단적으로 나타나 있다.

쉽게 목적지 까지 태워 줄 황금마차는 없다

"쉽게 목적지까지 데려다 줄 황금 마차는 없습니다. 인류는 노력하는 사람과 노력하는 모습을 흉내를 내는 사람, 전혀 노력하지 않는 사람으로 구성되어 있습니다. 첫 번째 부류에 속하지 않는 한 상상력을 최대한으로 발휘하는 데 필요한 정력을 집결시키는 것은 무리일 것입니다."

또 탄저병과 광견병의 예방 접종법을 발견한 파스퇴르는 가족들에게 보낸 편지에 이렇게 적고 있다.

'의지를 갖는다는 것은 위대한 일이다. 왜냐하면 노력은 의지에 의해 인도되는 것으로서 결국 의지가 성공의 문을 열어 주는 것이기 때문이다.'

그는 여기서 창조적 의미로서의 성공을 말하고 있는 것이 분명하다.

보통 우연의 소산이라고 생각되고 있는 영감靈感도 마찬가지다. 천재에 대한 연구에 조예가 깊은 일본의 미야기 오도야 박사도 사고의 노력 없이는 영감이 생겨날 수 없는 것이라고 말한 바 있다.

"의식적인 노력은 영감이 떠오른 전후 어느 때나 모두 필요한 것이며, 전적으로 의지적이고 의식적인 활동을 떠난 영감이란 정신병자에서나 볼 수 있는 현상입니다."

이와 같이 어떠한 발명이나 발견도, 어떠한 영감도 그 이전에 깊이 생각하는 사고 활동이 있어야 한다는 것을 말해주고 있다. 이러한 점은 고도의 창조성이 요구되고 있는 기획에서도 마찬가지다.

무엇인가 문제점에 매달려 의지적이고 의식적으로 맹렬하게 그 해결책을 생각하다가, 우연한 계기로 획기적인 아이디어가 생각나는 과정을 거쳐 비로소 좋은 기획이 탄생되는 것이다.

'의지적이고 의식적인 사고활동' 이야말로 기획력 있는 사람이 될 수 있는 첫걸음이다. 기획을 창출해 내는 과정에서 우연에 기대할 수 있는 것은 아무것도 없다는 사실을 명심해야 한다.

세상 이치가 그렇듯, 기획력도 노력하지 않는다면 결코 승리는 당신의 몫이 될 수 없다.

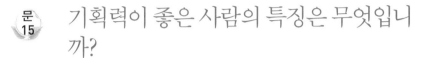

문 15
기획력이 좋은 사람의 특징은 무엇입니까?

답 문제의식이 강하다.

해설 기발한 아이디어가 극히 우연한 계기로 해서 생각나는 경우도 없지는 않지만, 실제로는 그렇게 되기까지 열심히 노력한 과정이 있게 마련이다.

용해된 유리가 든 가마 속에 실수로 연관을 떨어뜨렸다가, 그것을 꺼내는 과정에서 유리관 제조법을 발견하게 된 연관공의 행운은 그렇게 흔한 것이 아니다.

빛나는 업적을 이룩한 사람, 획기적인 발명이나 발견을 하거나 기업이 나아갈 방향을 잃고 헤맬 때 결정적인 전환 계기를 마련한 사람들은 남이 놀 때 놀지 않고, 남이 잘 때 자지 않으면서 문제를 붙들고 늘어진 사람들이었다. 그러기 위해서는 문제의식에 발동을 걸고, 거기서부터 활동의 초점으로 출발되어야 한다.

가장 먼저 표적이 정확해야 한다. 당신은 이제부터 이러이러한 문제를 해결해야 한다고 생각하는 경우도 있을 것이고, 주변에서 문제가 부여되는 경우도 있을 것이다. 또한 절박한 사태는 그 자체가 표적이 되기도 한다. 윗사람으로부터 명확한 목표가 지정되는 경우도 있다.

인간의 의식구조는 전체가 항상 한결 같은 상태에 있는 것이 아니고, 의식의 초점이라고 하는 중심부와 막연한 주변부로 이루어져 있다. 그리고 인간의 사고 활동은 생각하는 대상이 의식과 합치되었을 때 비로소 기능하게 된다.

모든 사물에 대하여 "왜?"라는 문제의식이 있다

이를테면 아름다운 꽃을 보았을 때, 대부분의 사람들은 '아, 아름다운 꽃이다' 라고 느끼는 것만으로 끝나고 말 것이다. 그러나 소수의 사람들은 단지 거기에서 끝나는 것이 아니라 한 걸음 나아가 '어째서 아름다운가' 또는 '왜 여기에 있을까' 라든가 '이 꽃과 비슷한 꽃을 본 일이 있다' 는 등 그 꽃에 관한 무엇인가를 생각하는 활동을 한다.

전자의 사람은 꽃이 의식의 주변 부분을 그냥 지나쳐 버리는 것이라면, 후자의 사람은 꽃이 의식의 초점에 합치되는 것이다.

이와 같이 사고 활동은 어떠한 대상이 의식의 초점에 합치되었을 때, 즉 '마음에 두었을 때' 비로소 시작되는 것이다. 따라서 단순히 '아, 아름다운 꽃이 있구나' 하고 대상이 의식의 주변을 지나쳐 버리면 그 꽃에 관한 아무런 사고 활동도 일어날 수 없다. 이 마음에 둔다는 것이 바로 문제의식이다. 문제의식이야말로 모든 사고 활동의 전제조건이 된다.

우리가 흔히 일컫는 천재란 남달리 강렬한 문제의식의 소유자라고 해도 좋다. 그리고 기획력이 있는 사람 또한 모든 문제에 관하여 즉각 사고 활동을 개시할 수 있는 사람, 즉 문제의식이 왕성한 사람을 말한다. 그들은 다른 사람이라면 그냥 흘려버릴 사소한 이야기에서도 기획의 싹을 찾아내고, 차례차례로 기획을 쌓아나간다.

기획력이 우수한 사람은 왕성한 호기심을 가지고 의문을 품으며, 그 답을 구하기 위한 활동을 적극적으로 하는 것이다. 그들은 행동반경이 넓을 뿐만 아니라, 두뇌의 사고범위도 매우 넓다는 특징을 가지고 있다.

 문 16 문제의식을 약화시키는 것은 무엇입니까?

 답 의식이 평형인 상태이다.

해설 평형 상태는 보통 좋은 의미로 들린다. 균형 감각이 잡힌, 고르고 균등한 상태를 말하는데, 정신에서는 이런 상태가 바람직하지 않다.

두뇌는 우리가 끊임없이 자극을 주어야 더욱 활성화되는 성질이 있기 때문이다. 갈고 닦을수록 더욱 놀라운 능력을 나타내는 것이 바로 우리의 두뇌이다.

그런데 우리는 주변의 수많은 정보 속에서도 정작 보아도 보이지 않고, 들어도 들리지 않는 상태가 되어버리기 일쑤다. 왜 그런 문제가 생기는 것일까.

그것은 문제의식을 자극하지 않기 때문이다. 원래 인간의 의식구조는 안정을 구하고, 평형 상태를 유지하려는 경향이 있다. 그런데 문제를 의식화한다는 것은 의식의 평형을 무너뜨리는 것이다. 상당히 강한 자극, 즉 문제의식이 없는 한 사람들은 의식의 평형을 무너뜨리려 하지 않는다. 인간이 평형 상태를 유지하려는 경향을 생리학적 측면에서 관찰해 보기로 한다.

인간의 신체구조는 극히 예민하게 되어 있다. 예를 들어 혈액 중에 당분이나 수분의 균형이 조금이라도 맞지 않게 되면 신경계, 내분비계의 조정 작용에 의해 즉각 평형 상태를 회복시킬 수 있도록 기관이 활동하기 시작한다. 이를 증명하는 실험도 있다.

먼저 사람의 몸에 필요한 몇 가지 영양소를 각각 다른 접시에 나누어 놓는다. 이를 피험자에게 자유롭게 선택하게 하면 처음에는 기호에 따라서 단백질이나 당분 등을 선택한다.

실험이 오래 계속되면 당연히 영양 균형이 자동적으로 파괴되는데, 이때 피험자들은 처음에 선택했던 영양소는 쳐다보지도 않고, 몸이 요구하는 부족한 다른 영양소를 선택하기 시작한다.

결국 어느 피험자나, 영양학자가 지적하는 인체의 균형을 유지하기 위한 영양 균형을 위해 필요한 영양소를 선택하게 된다는 사실이 증명되었다.

아이들이 무의식중에 흙이나 재를 먹는 것도 몸 안에 부족한 무기질이나 칼슘을 보충하기 위한 것이라고 한다. 임신한 여성은 본인이 그 사실을 알기도 전에 몸 안의 기관에서 시큼한 음식을 요구하게 된다는 것도 알려진 사실이다.

인간은 평형상태를 요구하는 존재

이와 같이 인간은 의식적으로나 육체적으로 평형 상태를 요구하는 존재이다. 이것은 얼핏 들으면 매우 바람직한 것 같지만 사실은 육체의 평형 상태는 생명의 유지를 위해 필요하지만, 의식의 평형 상태는 사고 활동에 있어서는 극히 바람직하지 못한 현상이다.

잠을 자고 있던 맹수는 적이 접근하는 것이 느껴지면 벌떡 일어나 사소한 움직임까지 놓치지 않으려고 귀를 쫑긋 세우고 코를 벌름거린다. 그와 동시에 머릿속으로는 도망칠 것인가, 적과 대항할 것인가, 상대는 얼마나 강한가, 어떻게 하면 이길 수 있을까 등을 생각한다.

이러한 상황에서는 생명의 위험이라는 강한 자극에 의해서 맹수의 의식은 평형을 잃지만 그에 반해 두뇌 활동이 매우 활발해지는 것이다.

인간도 마찬가지다. 이렇게 사고활동이 활발해진 상태를 두뇌의 활성화라고 하는데, 당신이 우수한 기획자가 될 수 있느냐 없느냐도 결국은 얼마나 두뇌를 활성화시키느냐에 달려 있다.

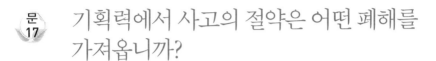

문
17

기획력에서 사고의 절약은 어떤 폐해를 가져옵니까?

답 문제의식을 약화시킨다. 그로 인해 기획력이 빈곤해진다.

해설 사고를 절약한다면 좀 이상한 표현으로 들릴지 모르겠다. 물질적인 것을 절약하면 했지, 왜 사고를 절약하느냐고 반문하는 사람도 적지 않을 것이다. 그러나 실제로 사고를 절약하고 살아가는 사람들의 예를 보이면 그때서야 '아, 그렇구나' 하고 이해하게 된다.

보통사람들의 문제의식을 저해하는 하나의 원인은 사고를 절약하려는 경향이다.

사람에게는 일상생활을 영위하거나 일을 처리하는 데 있어서 해결해야 할 수많은 문제가 가로놓여 있기 마련이다.

그런데 우리는 두세 번 같은 문제에 부딪치면, 이미 새로운 생각을 하지 않고 앞서 부딪쳤던 문제와 같은 해결방법으로 대처하려는 경향을 보인다. 그리고 기획자에게 있어서도 손쉬운 정보만 뒤적거리며 안일한 태도로 기획을 끝내려는 경향이 있다.

이것을 사고의 절약 경향이라고 한다. 일단 한 번 해결했던 일에 대해서는 새로운 문제로 설정하려고 하지 않는 자세이다. 특히 이런 사람들은 일상생활에서 나타나는 문제를 모두 어제의 것과 같고, 지난주의 것과 같은 것으로 보며, 의식수준마저 조금도 변화하고 있는 것 같지 않다.

물론 대부분의 문제가 구태여 이를 의식화하고, 새로운 문제로 설정하여 머리를 쓰지 않더라도 지금까지의 지식이나 경험으로 쉽게 이에 대한 해답을 발견할 수도 있다. 일상생활상의 문제는 무의식의 저차원적 판단에 맡겨두어도 충분한 셈이다.

적절한 정보를 뽑기 위한 방법

그러나 조직에서 원하는 기획이란 이런 자세로 임해서는 절대 안 된다. 적절한 아이디어를 뽑기 위해서는 여러 가지 정보를 알고, 필요한 자료를 찾아내며, 적극적으로 사고를 활성화시키는 자세가 필요하다.

흔히 사람들은 시간 속에서 반복적으로 경험해 온 것만을 믿으려 하는 경향이 있다. 이것은 전통이나 습관, 관습, 공식 등 이미 정해져 있는 것들에 의존하려는 마음이다.

그런데 기획력이란 이런 마음에서는 결코 나오지 않는다. 이렇게 반복적인 경험에서 오는 맹신은 사물이나 관점을 보는 사고의 틀을 크게 제한해 버릴 뿐이다.

그러므로 기획력을 위해서는 과거의 경험이나 지식, 편견 등을 고착화하고 답습하는 사고의 절약을 경계하는 자세가 무엇보다 중요하다. 어떤 사물이나 관점을 대하더라도 마치 처음 보듯이, 처음 하듯이 대해야 다른 사람이 보지 못하는 새로운 것을 발견할 수 있다. 이것이 바로 신선한 아이디어로 이어지는 기회가 된다.

아이디어를 만들 때, 지금까지 있어 왔던 그 토대에서 무언가를 생각해 내려 할 때는 판에 박힌 틀을 벗어나기 어려우며, 참신하고 새로운 것이 그리 쉽지가 않다. 이럴 때 가장 좋은 방법은 처음부터 다시 하는 것이다.

처음 보는 문제, 처음 대하는 사물, 처음 만난 사람이라는 생각으로 돌아가는 것이다.

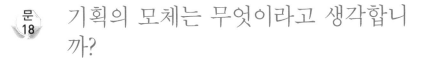

**문
18** 기획의 모체는 무엇이라고 생각합니까?

답 환경을 그대로 받아들이지 않고 타파하려는 정신이다.

해설 사람은 누구나 움직이고 있는 것에 대해서는 어느 정도의 관심을 나타낸다. 인간을 비롯한 동물은 움직이는 것을 환경의 변화로 포착하기 때문에, 자신이 어떻게 변화되어 있는가를 재빨리 알려고 한다.

여기에는 여러 가지 수준의 납득 방식이 있다. 환경 변화를 접했을 때, 사람에 따라 이에 대한 납득 수준이 다르기 때문이다.

납득 수준이 낮은 사람은 파리를 본 순간에 '파리로구나' 하는 단계에서 생각을 멈추어 버린다. 좀 더 수준이 높은 사람은 '어째서 지금 때 아닌 파리가 나올까?' 혹은 '어디서 들어온 것일까?' 하고 생각하기 시작한다.

'어머, 벌써 여름이네' 또는 '창문을 열어놓아서 파리가 날아들어온 모양이로군' 이라는 해답으로 만족하는 사람도 있을 것이고, '파리는 어떻게 해서 날아다닐 수 있는 것일까? 하는 데까지 의문을 비약시키는 사람도 있을 것이다.

납득 수준이 높은 사람은 이렇게 해서 일반 사람들이 생각해 낼 수 없는 새로운 해답을 얻는다. 일반적으로 납득 수준이 높은 대상은 오히려 아이들이라 할 수 있다. 아이들의 그칠 줄 모르는 집요한 질문 공세에 당황한 경험을 누구나 한 번쯤은 해보았을 것이다.

이것은 아이들이 어른보다 꼼꼼해서 그런 것이 아니라, 상대적으로 어른들은 지식이나 경험이 많기 때문에 사고를 절약하고 있기 때문이다. 이 사고의 절약이야말로 문제의식을 저해하는 위험 요인인 것이다.

무의식적인 행동패턴에 휩싸여 있다

이리하여 많은 사람들이 '무의식적인 행동' 패턴에 익숙해짐으로써 자신을 둘러싸고 있는 현상의 변화를 잘 느끼지 못한다.

아무래도 지금까지와 같은 해결책으로는 대처할 수 없을 만큼 주위의 정세가 변했거나 변하고 있을 때에 비로소 이를 문제로서 의식하고, 당황하여 사고에 발동을 걸기 시작한다.

그러나 만일 당신이 기획자라면 현상에 의문을 갖지 않고, 현재에 만족하고 있는 태도는 기획자로서는 낙제라는 것을 잊으면 안 된다.

언제인가부터 '빼빼로데이' 는 어린이나 중고 학생들에게는 반드시 지켜야 할 날이 되었다. 어쩌면 크리스마스 이브보다 더 중요한 날로 보게 되었으며, 이날 빼빼로를 선물 받지 못하는 학생은 인기 없는 학생으로 평가될 정도로 선풍적인 바람을 일으키고 있는 것이 사실이다.

식품업계에서 '빼빼로데이' 는 마케팅 기획의 대표적인 성공 사례로 꼽는다. 부산의 한 여자 중학교에서 11월 11일 친구들끼리 빼빼로를 주고받는다는 사실을 안 어떤 기획자가 이것을 마케팅에 활용하였고, 대성공을 거둔 것이다.

한 지역에서 일어나는 조그마한 움직임을 간과하지 않고 호기심과 관찰력을 가지고 자신의 기획으로 도입한 데서 일궈낸 성공이었다.

발명이나 발견이 그렇듯이 기획도 한 사람의 작은 관찰에서 비롯되는 경우가 많다. 개그나 코미디의 소재를 찾기 위해 연기자들은 매일같이 머리를 싸맨다고 한다.

그런데 나중에 크게 히트시키는 아이디어는 우리 일상생활에서 흔히 들을 수 있는 말투이거나 흔히 볼 수 있는 상황의 과장인 경우가 많다. 이렇듯 눈앞에 지나가는 현실 상황을 아무런 의심 없이 지나쳐 버리면 좋은 기획은 얻을 수 없다.

문 19 기획력을 높이기 위한 방법으로 어떤 것이 있습니까?

답 과거의 경험이나 알고 있던 지식에 대해서 얽매이지 않는다.

 해설 러시아의 대문호 도스토예프스키의 생애는 정말 고생의 연속이었다. 일찍이 어머니를 여의고, 소년 시절에는 아버지가 농민들에게 횡사당하는 무참한 광경을 목격했다.

20대 청년 시절에는 자유주의 운동에 가담한 혐의로 사형 선고를 받은 적도 있다. 특사로 간신히 죽음은 모면했지만, 오랫동안 감옥살이를 해야 했다.

그의 고통은 여기서 그치지 않는다. 병에 걸려 사경을 헤매었고, 악처로 인한 정신적 고통을 받았으며, 죽은 형의 빚을 떠맡아 채권자들로부터 모욕을 당하기도 했다.

그는 고뇌를 타고 이 세상에 태어난 사람 같다. 불후의 명작 『죄와 벌』은 바로 그 무렵의 작품이다. 그때 그의 나이가 불혹의 중반인 45세였다. 말하자면 그의 문학은 피에서 우러나온 운명적이고도 절박한 작업의 소산이었다. 한 작가의 완성이란 이렇게 끝도 없는 처절한 체험의 축적 없이는 불가능한 일인지도 모른다.

앞에서 우리는 사람에게서 문제의식을 약화시키는 것, 즉 의식의 평형화 경향과 사고의 절약 경향에 대하여 알아보았다. 이것은 넓은 범위에서 보면 인간의 환경 순응성이 된다. 달까지 쏘아올린 스프트닉 1호에 관한 뉴스를 들은 사람은 누구나 신선한 놀라움을 느꼈을 것이다.

그러나 2회, 3회를 거듭하면 점차 관심은 희박해져 간다. 인간은 놀랄 만큼 빠른 속도로 환경에 순응해 버리기 때문에 문제를 의식화할 수 없게 되는 것이다.

환경을 변화시키려는 노력을 하라

우리들이 환경에 순응하지 않고 어떠한 현상에 대해서도 신선한 호기심과 의문을 갖기 위해서는 의도적으로 항상 스스로의 환경을 변화시키고, 이 변화된 모습을 받아들이는 노력을 해야 한다. 창조적인 두뇌, 활기에 넘치는 두뇌는 이와 같은 환경 타파의 정신에서만 싹틀 수 있는 것이기 때문이다.

작가 중에는 머리를 활성화시키기 위해 일부러 쇠락한 생활을 하는 사람도 있고, 개중에는 스스로 강한 자극을 구하다가 마침내는 자기 생명까지 잃게 되는 경우조차 있다.

물론 평범한 비즈니스맨이 이러한 생활 태도를 흉내 낸다는 것은 불가능한 일일 뿐더러 굳이 그럴 필요도 없다. 그러나 두뇌를 활성화하기 위한 작가들의 처절한 몸부림만은 배울 필요가 있다.

항상 어떤 문제를 의식의 초점에 맞추어 두뇌가 활동하게 하는 버릇을 길러야 한다. 따라서 현상에 만족하고 변화를 싫어하는 '마이홈주의'는 기획력의 적이라 할 수 있다.

극단적으로 말해서 평지풍파를 일으키는 변화 있는 생활태도는 우리의 머리를 젊게 해준다. 말하자면 귀찮을 정도로 '왜?'를 연발하면서 무엇이든지 알고 싶어하는 아이들의 태도가 바로 기획자의 자세여야 한다는 말이다.

어떤 문제에 부딪혔을 때, 우리들은 과거의 경험이나 지식을 총동원하여 문제를 해결하려고 시도한다. 그러나 일단 문제가 해결되면 조금이라도 사고를 절약하기 위해서 같은 종류의 문제에 대해서는 동일한 해결법을 적용하게 마련이다.

이리하여 지식이나 경험이 많으면 많을수록 해결할 수 있는 문제의 범위는 넓어지지만, 반대로 생각하는 폭은 점점 고정화되고 좁아진다. 이렇게 형성된 사고방식을 기준으로 우리는 무엇인가를 생각하거나 판단하는 경우가 많다.

이른바 '굳어버린 머리'가 된다. 이래서는 자유로운 발상이 불가능하다. 굳어버린 머리로 새로운 기획을 생각해 낸다는 것은 매우 어려운 일이기 때문이다.

기획 활동에 있어서도 과거의 지식이나 경험은 충분히 활용해야 한다. 그러나 경험이나 지식이 가져오는 마이너스적 측면을 간과해서는 안 된다. 새로운 문제까지도 지금까지와 같은 방식으로 해결하려고 하기 때문이다.

문 20 학교에서 성적이 좋은 아이들이 아이디 어가 빈곤한 이유는 무엇입니까?

답 암기식 교육에 익숙해져서 지식을 기억하는 일에만 능숙하기 때문이다.

 해설 학창 시절의 간디는 사상이나 품행이 그렇게 방정하지 못했다. 그는 힌두교를 우상숭배 종교라고 비판하는 무신론자가 되어 있었다. 쇠고기도 마음대로 먹었다.

그의 친구들은 그의 배교 행위를 맹렬히 비난했다. 말하자면 불량 학생이었다. 당시 그의 모습을 보고 그 누가 그를 독실한 신앙인으로 돌아가, 민족의 위대한 지도자가 될 것이라고 생각했겠는가.

처칠도 세 번이나 낙제를 했다. 모든 학과에서 낙제를 한 것이 아니라 라틴어만 낙제를 했다고 한다. 어쨌든 학교 성적으로만 평가한다면 처칠도 보잘것없는 존재에 지나지 않았다.

애써 익힌 지식이 오히려 마이너스적인 역할을 하는 원인은 무엇 때문인가. 그것은 지식을 될 수 있는 대로 많이 기억하는 주입식 교육 방법에 그 원인이 있다.

많은 지식을 짧은 시간에 주입하지 않으면 안 되기 때문에 당연히 생각할 수 있는 시간을 가질 수 없게 된다. 생각해 보라고는 하면서도 생각할 수 있는 시간을 주지 않는 것이 주입식 교육의 실정이라 할 수 있다.

본래 지식이란 축적하는 과정에서 피가 되고 살이 되는 것으로서, 덮어놓고 주입하는 지식은 창조 활동에 아무런 도움이 되지 않는다.

지식이란 기억하기 위한 것이 아니라 활용하기 위한 것인데도 지금까지의 주입식 교육에서는 지식을 기억하는 두뇌는 육성되었어도 지식을 활용하는 두뇌는 전혀 육성되지 않았다. 그것은 주입식 교육에 의하여 교사의 사고 패턴이 어느 사이엔가 학생들의 머릿속에 파고들었기 때문이다.

예를 들어 어떤 수학 교사가 인수분해 공식을 가르쳤다고 하자. 아이들은 이를 그대로 받아들여 기억하기 때문에 교사가 가르친 유형으로 풀 수 있는 범위의 문제에는 거침없이 답을 구할 수가 있다.

사고의 패턴을 벗어나지 못한다

그러나 그 사고의 패턴에서 벗어난 지식이나 방식을 적용해야 하는 문제를 접하면 이내 손을 들고 만다. 주입식 교사한테서 교육받은 아이들의 머리에는 인수분해 공식과 더불어 그 교사의 사고 패턴까지도 지식으로 받아들여졌기 때문이다. 이렇게 하여 지식의 양이 많아지면 많아질수록 아이들의 머리는 굳어져 가는 것이다.

이렇게 해서 육성된 굳어져 버린 두뇌에서는 좋은 기획이 생겨날 리가 없다. 기획이란 다른 사람의 사고 패턴에 의해서는 결코 만들어질 수 없는 것이기 때문이다. 기획에서 요구되는 머리는 결코 굳어져 버린 것이 아니라, 지식을 활용하여 창조적으로 만들어 낼 수 있는 유연한 두뇌이다.

"상식이란 18세 미만에 머리에 새겨놓은 편견의 축적에 불과하다."

상식에 의해 굳어지는 머리를 경계하라는 아인슈타인의 말이다.

이기는 기획의 특징,
창조성

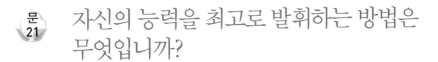

문 21　자신의 능력을 최고로 발휘하는 방법은 무엇입니까?

답　자기 두뇌의 특성을 잘 알고서 그에 맞는 적절한 활동을 취하는 것이 가장 큰 능력을 발휘하는 비결이다.

해설　어떤 일에나 그렇듯이 자기 자신에게 맞는 일을 하는 것이 중요하다는 말을 많이 한다. 두뇌도 마찬가지다. 자기 두뇌의 특성을 잘 알고서 그에 맞는 적절한 활동을 취하는 것이 가장 큰 능력을 발휘하는 비결이다.

쉽게 말해서 우리 속담에 뱁새가 황새 쫓아가다가는 가랑이가 찢어진다' 는 말이 있듯이, 자기 두뇌의 현실을 모르고서는 제대로 된 기획을 한다는 자체가 불가능하다.

기획이 고도의 사고 집중의 산물이라는 사실은 새삼스럽게 말할 필요도 없다. 그 사고의 모체는 두뇌다. 훌륭한 아이디어나 획기적인 기획은 모두 당신의 유연한 머리에서 나오는 것이다.

그 유연한 당신의 두뇌도 언제나 동일한 수준, 동일한 형태의 활동을 하고 있는 것은 아니다. 수면 시간, 생각하는 시간, 사고의 지속 시간 등은 사람에 따라 다르며, 그 이유는 두뇌의 활동

형태가 다르기 때문이다.

어떤 중견 기업의 사장은 '하루에 네 시간 이상의 수면을 취하는 사람은 바보가 아니면 축농증 환자'라고 단언했다. 잠을 적게 잔 나폴레옹까지 들먹일 필요도 없이, 수면 시간을 단축함으로써 큰 사업을 이룩한 사람은 헤아릴 수 없을 만큼 많다.

그러나 '나는 적어도 여덟 시간을 자지 않으면 하루 종일 컨디션이 나빠서 아무 일도 하지 못 한다'는 사람도 적지 않다. 토스카니니는 하룻밤에 다섯 시간만 수면을 취하면 충분했지만, 캘빈 쿨리지는 하루에 무려 11시간 이상을 자야 했다. 그러니까 토스카니니는 일생의 5분의 1을, 쿨리지는 약 반을 수면으로 소비한 셈이다.

이와 같이 수면 시간만을 놓고 보더라도 인간의 두뇌 활동은 천차만별이다. 3시간의 수면으로도 제대로 돌아가는 머리가 있는가 하면, 11시간의 수면을 취하지 않으면 가동되지 않는 머리도 있다.

생활자세가 각각 다른 인간

수면 시간만이 아니다. 사람과 대화를 나누면서도 완전히 별개인 다른 일을 생각할 수 있는 머리가 있는가 하면, 옆에서 누가 부스럭거리기만 해도 집중하지 못하는 머리도 있다.

같은 작가라고 해도 어떤 작가는 재즈를 들으면서 원고를 쓰는 것이 창작 활동에 도움이 된다는 사람이 있는가 하면, 바늘 떨어지는 소리 하나 들리지 않도록 방음 장치를 해놓은 방에서 글을 써야 하는 사람도 있다.

또한 머리가 새벽에 맑아지는 사람이 있는가 하면, 밤이 깊어 갈수록 머리 회전이 잘 되는 사람도 있다.

이와 같이 두뇌 활동은 사람에 따라 각양각색이다. 사람마다 얼굴이 다르듯이 두뇌 활동의 유형도 가지가지인 것이다. 따라서 누구나 나폴레옹의 흉내를 낸다고 해서 천재가 된다고 할 수는 없다.

당신은 지금까지 자신의 두뇌 특성을 무시한 채 사용하고 있는 것은 아닌가 한번 생각해 보라.

수면 시간이 3시간으로 충분한 '맹렬 인간'을 흉내 내, 오히려 두뇌 활동이 무디게 만들어 버린 경험은 없었는가.

자기 신체의 특성에 맞지 않게 사용하면 두뇌라는 구조는 전혀 발동이 걸리지 않거나 과열되어 오히려 본래의 장점까지 잃을지도 모른다.

자기 두뇌를 충분히 회전시키고, 사고의 생산성을 높이기 위해서는 자신의 두뇌 활동의 특성을 알고, 이를 과학적으로 관리하는 것이 필요하다.

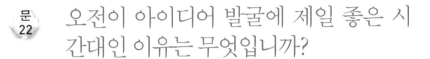

오전이 아이디어 발굴에 제일 좋은 시간대인 이유는 무엇입니까?

답 인간의 에너지원이 되는 혈중 당분의 양은 부신에서 분비되는 아드레날린이라는 호르몬의 영향을 받는데, 이 호르몬 양의 변화를 측정해 보면 오전 중에 가장 높게 분비된다.

해설 우리나라에서 한때 '아침형 인간'이 선풍적인 이슈를 불러 일으킨 적이 있었다. 그러나 얼마 후 산업에서 저녁 근무자들이 많다는 사실을 고려해 사회적인 분위기가 잠잠해지기도 했었다.

이론적으로 볼 때 이 아침형 인간은 자연의 리듬과 같이 하자는 것인데, 그것은 개인의 특성을 고려하지 않은 일률적인 도입이었기 때문에 다소 문제가 발생한 것이다.

제2차 세계대전 당시 미국 대통령 루스벨트는 아침 일찍 일어났을 때 가장 머리가 맑았다고 한다.

이른 아침 독일이나 일본을 공격할 좋은 아이디어가 떠오르면 그 즉시 런던의 처칠에게 전화를 걸었다. 런던은 미국과의 시차 때문에 아직 밤이었으므로 처칠은 정신없이 자고 있을 때였다. 더욱이 처칠은 새벽에 잠을 깨면 머리가 멍해지는 유형이었기 때문에, 루스벨트의 좋은 아이디어가 처칠에게 받아들여지질 못했다.

밤이 깊어 처칠의 머리가 맑아져서 좋은 아이디어가 떠올랐을 때 루스벨트에게 전화하면, 이번에는 루스벨트가 세상모르고 자고 있다.

그래서 역사가들은 이런 말을 하기도 했다.

"두 사람의 신체 리듬이 일치했더라면 제2차 세계대전은 좀 더 일찍 끝났을지 모른다."

이렇게 아침이 되어야 산뜻해지는 머리가 있는가 하면, 밤이 깊어져야 회전을 시작하는 두뇌도 있다. 이것이 '아침형'과 '올빼미형'이라고 하는 전형적인 두 가지 유형이다.

그렇다면 '아침형'이나 '올빼미형'이라고 하는 것은 어떤 생리학적 근거가 있는 것일까.

'나는 올빼미형이므로 아침에는 정신이 멍해서 제대로 일을 할 수가 없다'고 단정해 버리기 전에, 하루 두뇌 활동의 변화를 생리학적 측면에서 관찰해 보도록 하자.

오전 중에 동공이 많이 열린다

독일 뮌헨 대학의 도링 교수는 동공의 변화에 대한 연구에서 대다수의 사람은 오전 중에 가장 크게 열려 있고, 저녁때부터 밤

동안은 축소되어 간다는 사실을 밝혀냈다. 즉, 동공의 크기는 밝고 어두운 것에 관계없이 아침과 낮 그리고 저녁이라는 시간의 흐름에 따라 달라지는 것이다.

그런데 동공은 긴장했을 때, 호기심이나 흥미를 가졌을 때와 같이 심신의 활동력이 높아진 때에 열리게 된다.

따라서 도링 교수의 연구에 따르면 외부에 대한 주의력 집중이 오전 중에 피크가 되는 것을 나타낸다고 할 수 있다.

또한 인간의 에너지원이 되는 혈중 당분의 양은 부신에서 분비되는 아드레날린이라는 호르몬의 영향을 받는데, 이 호르몬 양의 변화를 측정해 보면 오전 중이 최고이고, 오후부터 밤에 걸쳐서는 감소하며, 한밤중에는 최저가 된다는 사실이 밝혀졌다.

역시 육체적인 활력도 오전 중이 피크인 것이다. 하루 중에서 가장 머리가 맑은 것은 일반적으로 오전 중이라는 이야기가 된다. 따라서 기획 회의 같은 회사의 기본적 정책을 결정하는 회의는 오전 중에 하는 것이 바람직하다.

그렇다고 해서 모든 사람에게 아침형이 되라는 것은 아니다. 자신의 신체 리듬에 맞추면 된다. 다만 '올빼미형' 보다는 '아침형' 이 이상적이라는 생리학적 근거가 있을 따름이다.

문 23 집중력이 떨어졌을 때 회복하는 방법은 무엇입니까?

답 휴식이다. 휴식을 취하면서 머리를 식히는 것이다.

해설 어떤 문제에 대한 생각에 집중한 나머지 지치고 피로해진 머리를 당신은 어떻게 휴식시키고 있는가.

휴식이 중요한 의미를 갖는 것은, 기획의 싹이라 할 수 있는 영감이 대개의 경우 사고의 긴장이 풀려서 편하게 쉬고 있을 때, 즉 두뇌가 이완되었을 때 활발하게 일어나기 때문이다. 그리고 영감이 떠오르는 시간이나 장소도 사람에 따라 각각 다르다.

어떤 전자제품 회사의 기술부장은 회사 내 기술 개발의 리더로서, 밤낮을 가리지 않고 새로운 제품 개발에 고심하고 있었다.

그는 몇 년 전에 아내와 부부 관계를 가진 뒤, 잠들기 전의 공복 상태인 극히 짧은 시간에 몇 번인가 영감을 얻었던 귀중한 경험을 했다.

그 후 그는 의식적으로 부부 관계를 갖는 시간을 앞당기고, 관계 후 잠들 때까지의 공복 상태를 될 수 있는 대로 길게 잡았다.

그때까지는 1주일에 1회였던 관계 횟수도 2, 3회로 늘렸다. 그의 작전은 재미있게도 적중하여 몇 가지의 획기적인 아이디어를 얻었다.

이제까지 아무리 애를 써도 갈피조차 잡을 수 없었던 어려운 문제의 해결방법을 목욕탕에서나 화장실에서 찾아낸 경험은 누구에게나 한 번쯤 있을 것이다.

시인 괴테나 수학자 가우스는 아침에 잠에서 깬 침대에서, 심리학자 헬름홀츠는 숲속을 산책하면서 가장 좋은 영감을 얻었다고 한다.

시간적으로 영감이 떠오르는 것은 아침뿐이라고 하는 사람이 있는가 하면, 밤이 되어야 한다는 사람도 있다.

과학자들을 대상으로 창조적인 영감을 얻기 위해 의식적으로 어떠한 시도를 하느냐 하는 설문조사를 실시한 결과는 매우 흥미롭다.

가장 많은 약 60퍼센트에 해당하는 사람들이 어떤 문제의 해답을 생각할 때 그 생각에만 얽매여 있지 않고, 잠시 그 문제를 잊어버리고 다른 일을 한다는 것이었고, 25퍼센트는 육체적 운동을 한다고 했다.

쉬는 시간에도 움직이는 두뇌

이와 같이 인간의 두뇌는 활동을 하고 있을 때뿐만 아니라 쉬고 있을 때도 계속해서 활동을 한다.

학창시절을 보면 쉬는 시간에도 공부만 열심히 한다고 해서 공부를 잘 하는 것은 아니다. 오히려 적당히 취미생활을 하거나 친구와 담소를 나누고 휴식을 취하는 학생이 더욱 실력을 발휘하는 경우가 많다.

직장에서도 마찬가지리라. 머리를 싸매고 하루 종일 자리를 지키고 앉아 있는 것만이 능사가 아니다. 종종 머리를 식히며 다른 생각을 하는 것도 업무의 효율성을 위해 더 낫다는 보고도 있다.

그래서 전문가들은 휴식도 업무의 연장이라고 말한다. 사람의 두뇌는 쉬지 않고 움직여 주면 더욱 활성화되는 것이 사실이지만, 그것이 지나칠 때는 두뇌도 한계상황에 부딪친다는 사실을 잊으면 안 된다.

적절히 휴식을 취하는 동안에 두뇌가 그동안 잊었던 사실을 깨우쳐 주기도 하고, 우연한 생각들이 스쳐 지나가기도 한다.

따라서 잠재의식이 제대로 활동하게 하기 위해서는 완전히 긴장을 풀고 푹 쉬어야 한다. 조용히 자신을 돌이켜보면서 자기 두뇌의 특성을 알아야 한다.

그러나 문제 해결의 결정적인 계기를 마련해 주는 영감이란 그 이전에 고도의 사고 집중이 선행되어야만 비로소 가능하다는 사실은 새삼스럽게 말할 필요가 없다.

문 24 사고의 집중이 가장 잘 되는 시간을 효과적으로 활용하는방법은 무엇입니까?

답 당신의 사고의 생산성이 오전 10~12시에 가장 높다는 것을 알았다면 이 시간에는 잡무나 손님 접대를 피하고, 좀 더 고도의 사고 집중을 필요로 하는 일에 할애하는 것이 좋다.

해설 당신의 사고 지속 시간이 어느 정도일까. '하루 종일 회사 일만 생각한다'고 자랑하는 경영자나, 하루 종일 책상 앞에 붙어 있는 수험생이 합격한다고 생각하는 사람이 많다.

'사당오락四當五落'

수험생들의 책상에는 이런 글이 많이 쓰여 있다. 4시간을 자면 붙고, 5시간을 자면 떨어진다는 말인데, 과연 그럴까.

전문가들은 그것은 터무니없는 소리라고 일축한 바 있다. 왜냐하면 인간의 두뇌는 적어도 7시간 이상을 자야 가장 최고조로 활성화된다는 연구보고가 있었기 때문이다.

그런데도 이런 사실을 부정하고 하루 종일 일에만 매달린다면 과연 사람은 어느 정도까지 효율성을 발휘할 것인가 의문스러울 것이다.

사람이 계속해서 한 가지만 사고할 수 있는 시간이 5분도 안 된다는 어느 전문가의 말처럼, 사고의 지속 시간은 의외로 짧다. 그렇다면 만복이나 공복 상태는 사고의 생산성과 어떠한 관계가 있을까.

'뱃가죽이 팽팽해지면 눈가죽은 느슨해진다' 는 말이 있듯이, 생각을 하는 데 만복은 금물이다.

그러면 공복인 때는 어떠한가. 생리학자에 의하면 일반적으로 만복에서 공복으로 이행하는, 즉 알맞게 배가 찼을 때 집중도가 가장 높고, 만복은 물론 공복도 사고의 생산성을 저해한다고 한다.

예부터 식사는 80퍼센트만 먹는 것이 이상적이라 한 것은 단순히 육체적 조건뿐만 아니라 정신 활동의 면에도 해당되는 말이라 할 수 있다.

인간의 두뇌 활동 양상은 천차만별이고 제각기 다른 개성을 갖고 있다. 조용한 곳, 시끄러운 장소, 밝은 곳, 어두운 장소 등 장소에 따라서도 두뇌 활동은 달라진다. 따라서 자기 두뇌의 개성과 움직임의 주기를 정확히 파악하고, 이를 의식적으로 관리하는 과학성이야말로 당신의 기획력을 높이는 조건이 된다.

당신 사고의 생산성이 오전 10~12시에 가장 높다는 것을 알았다면 이 시간에는 잡무나 손님 접대를 피하고, 좀 더 고도의 사고 집중을 필요로 하는 일에 할애하는 것이 좋다.

또한 사고 집중이 지속되는 시간이 30분이면 근무시간을 30

분 단위로 분할하는 것도 좋은 방법이다. 30분간 일에 집중하고, 30분이 지나면 잠깐 쉬었다가 다음 대상으로 옮긴다. 이렇게 하여 일정한 간격을 둔 다음에 다시 처음 대상으로 되돌아가는 것이다.

혼자 사색하는 시간을 갖는다

다른 사람과 함께 있으면 집중하지 못하는 사람은 될 수 있는 대로 혼자 사색하는 시간을 많이 갖도록 한다.

이런 사람이 저녁식사 후에 서재에 파묻혀 일정한 시간을 혼자서 생각하는 시간을 갖는다면, 그의 실질적인 일의 생산성은 회사에 있을 때보다 서재에 혼자 있을 때가 훨씬 높다고 할 수 있다.

집에서 쉴 때도 의식적으로 당신의 영감이 일어나기 쉬운 상황을 만들어라.

목욕이나 가벼운 운동, 혹은 침상에 누워 눈을 감고 아무것도 생각하지 않는 시간을 갖는 등, 당신에게 가장 능률적인 방법을 선택하면 당신의 두뇌는 활성화될 것이다.

사고의 지속 시간을 파악하여 두뇌를 혹사시키지 않는 것이 바로 사고의 생산성을 높이는 길임을 알아야 한다.

성격과 기획력과는 어떤 관계가 있습니까?

답 유기적인 관계가 있다.

해설 성격과 기획력은 서로 어떤 연관성이 있을까.

얼핏 생각하기에는 '에이, 성격과 기획력이 무슨 상관이람' 하고 불신할 사람도 있겠지만, 심리학적으로 볼 때는 매우 유기적인 관계가 있음을 알아둘 필요가 있다.

역사는 제2차 세계대전의 주역이었던 독일 나치의 총통 아돌프 히틀러를 20세기 최대의 악인으로 정의하고 있다. 그러나 히틀러의 또 다른 일면인 20세기 최대의 기획자 중 한 사람이었다는 평가를 간과하면 안 된다.

그는 제1차 세계대전에서의 패배와 세계적 불황이라는 이중의 상처를 입고 지칠 대로 지친 독일 국민들의 가슴을 울려 이들을 열광적인 나치즘의 대집단으로 만드는 데 성공했던 요인은 무엇이었을까. 그것은 무엇보다 인심을 끌어모으는 수완과, 유럽 사람들을 공포의 도가니로 몰아넣은 폴란드 침공을 비롯한 몇 차례의 전격적인 침략 작전, 조직적이며 철저했던 유대인 몰살 정책 등은 기획의 가장 중요한 요건, 즉 치밀한 계산성과 경이적인 창조성을 느낄 수 있게 했다.

히틀러의 전쟁과 정책을 기획 면에서만 생각한다면, 그 특징은 아이디어가 비약적이라는 것과 목적을 위해서는 어떠한 비인간적 수단도 불사한 '비정함'에 있다.

물론 나치스의 역사적 잔학 행위 중 어디까지가 그의 직접적인 발상인지 그 한계는 명확하지 않다. 그러나 그 근본적인 발상이 히틀러의 머리에서 나온 것만은 의심할 여지가 없는 것이다.

히틀러는 어떻게 그와 같은 비약적인 아이디어를 생각해 낼 수 있었을까. 또 그 계획을 수행함에 있어서 어떻게 그렇게까지 비정하고 냉혹할 수 있었던 것일까.

심리학적 관점에서 말한다면, 그는 전형적인 '분열성 기질'의 특징을 갖춘 인간이었기 때문에 가능했다고 말할 수 있다.

분열성 기질이란 뚱뚱하지 않은 사람에게서 많이 볼 수 있는 성격 유형으로, 비사교적이고 냉담하며 내향적인 동시에 사색적이며, 정신분열병 환자의 전조 증상에서 흔히 볼 수 있는 성격적 특색을 지닌다.

기획력과 성격과의 관계로 밝힌 인간의 세 가지 유형

여기서 기획과 인간의 성격 유형과의 관계를 밝힌 독일의 유명한 정신의학자 그레치머가 분류한 분열형, 조울형, 간질형의 세 가지 사람의 유형을 보자.

그는 정신병리학적 입장에서 기질과 체형의 관계를 밝혔는데, 조울성 기질은 비만형에, 분열성 기질은 마른 사람에게, 간질성 기질은 근골형 체형에 많다고 한다.

성격적으로 조울형은 개방형이며 명랑하지만 때로는 침울하다. 사교적이며 친절하고 일반적으로 착한 성격이며, 때로 자기 자신을 과대평가하는 성향이 있다.

간질형은 진지하고 신경질적이며 내성적이다. 착실하고 집념이 강하며, 정의감이 강한 특성이 있다.

분열형 인간은 주의나 주장을 내세우고, 병적인 결벽성을 지니고 있기 때문에 다른 사람과 타협할 줄을 모른다. 따라서 주위와의 인간관계에는 마찰이 많고, 마음속은 항상 욕구불만으로 가득 차 있다.

이 분열성 기질의 정신구조는 자신의 주위에 단단한 껍질을 만들어 놓고 그 안에 틀어박혀 버리는 특징을 갖는다. 이를 내폐성이라고도 한다. 자신의 욕구불만을 현실세계와의 접촉을 단절시킨 공상 세계에서 만족시키려고 하는 경향이 내폐성을 가져오는 원인이라고 할 수 있다.

따라서 이러한 유형의 인간은 현실세계와 단절된 독자적인 정신영역에서 생각하고 활동하기 때문에, 때로는 지극히 돌발적이고 비상식적인 발상이나 행동을 하여 '돌출적' 이라는 느낌이 들게 한다.

그러나 분열형 인간이 창조적인 면에서는 다른 사람보다 우수한 능력을 발휘하며, 뚜렷한 개성을 드러내는 특성이 있음은 간과할 수 없다.

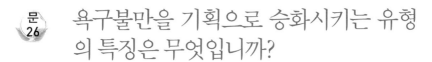

욕구불만을 기획으로 승화시키는 유형의 특징은 무엇입니까?

답
자기 자신을 둘러싸고 있는 상황이나 조건 등을 전적으로 무시하고, 독자적인 정신영역 속에서 자신만의 생각에 몰두해 있으면서 이를 순수라고 주장하기도 한다.

해설
분열형 인간은 욕구불만을 기획으로 승화시켜야 하는 유형이다. 이런 형의 발상법은 지나치게 독창적이어서, 그만큼 비상식적이고 비현실적인 경우가 많다. 자기 자신을 둘러싸고 있는 상황이나 조건 등을 전적으로 무시하고, 독자적인 정신영역 속에서 자신만의 생각에 몰두해 있으면서 이를 순수라고 주장하기도 한다.

이렇게 해서 생성된 아이디어는 대개 고차원적이고 비약적이다. 따라서 주위로부터 받아들여지지 않는 경우가 많다. 역사상 대천재라고 하는 사람 중에는 이 유형에 속하는 사람이 압도적인 다수를 차지하고 있다.

역사적인 사실로 비추어 보면 인류 전체의 우주관과 세계관을 뒤집어 놓은 코페르니쿠스, 뉴턴을 비롯하여 데카르트, 칸트,

헤겔, 스피노자, 키에르케고르 등 인간이란 무엇이며 어떻게 살아야 할 것인가를 끝까지 규명하려고 한 철학자들, 혹은 루소, 가르만, 로베스피에르, 메테르니히 등 독선적이라고 할 수 있는 철저한 이상주의자들, 열광적인 전제주의자, 또는 인간을 인간으로 생각하지 않는 냉혹한 타산가 등, 이들 모두가 분열형 기질의 전형적인 천재들이었다.

아돌프 히틀러도 물론 이 유형에 속하는데, 그의 경우는 선봉자적 성격, 즉 편집증적 기질도 상당한 영향을 끼쳤다고 보아야 한다.

이러한 특성을 지니고 있는 분열형 인간은 기획자로서는 재능을 타고난 인재라 할 수 있다. 그들이 생각해 내는 아이디어는 질이 높고, 독창적이며, 획기적이기 때문이다. 그렇기 때문에 현실성이 결여되었다는 결점 또한 피할 수 없다.

분열형의 사람은 육체적으로는 살이 찌지 않고, 피부에 기름기가 없으며, 신경질적이라는 느낌을 준다.

분열형의 장점을 살리는 방법

만약 당신이 분열형이라면 어떻게 하면 자신의 특성을 살릴 수 있을까. 먼저 자신의 사고방식에 현실성이 부족하다는 사실을 인식한 다음, 비현실적인 아이디어를 현실적 아이디어로 전환시켜야 한다. 그리고 자신의 고독벽이나 비사교성 등을 결점으로 생각하지 말고, 오히려 이를 긍정적인 면으로 승화시키도록 한다.

하지만 동료들과 어울려 술을 마시는 것보다 집에서 혼자 클래식 음악을 듣는 편이 즐겁다고 생각하는 사람이라면 무리해서 동료들과 교제하려고 애쓸 필요 없다. 그보다 좋아하는 음악을 들으면서 사색에 잠기는 것이 오히려 바람직하다.

사람들이 열광하는 운동 경기를 보는 것보다 무엇인가 자기 나름의 문제를 붙들고, 이에 관한 자료를 뒤적이는 것이 즐거운 사람이라면 그 역시 좋은 방법이다.

현실세계에 대하여 항상 무엇인가의 욕구불만을 가지는 것, 스스로 자기 성을 쌓고 독자적인 정신영역을 이룩해 가는 등 마음의 좌절과 스트레스를 증대시키는 괴로운 작업' 이 분열형의 특성을 살리는 데는 꼭 필요하다.

그러나 분열형 인간이 창의적이고 기획력이 뛰어나다고 해서, '나는 분열형이 아닌데 그럼 어떡하지?' 라든가, '다른 성격 유형의 사람들은 그럼 창의적인 생각이 없단 말인가?' 하고 비약시키지 마라.

단지 성격적인 면에서 분열형의 사람들이 다소 뛰어난 면이 있다는 것이지, 그 밖의 사람들은 모두 그보다 뒤진다는 뜻이 아님을 이해하기 바란다.

문 27 언제 두뇌가 완전 가동됩니까?

 답 기분이 최고로 좋을 때이다.

 해설 조율형은 기분이 좋을 때에는 두뇌가 풀가동되어 뛰어난 아이디어와 위대한 업적을 이룰 수가 있다.

조율형은 분열형과는 반대로 현실에 대한 적응력이 매우 강한 개방적인 성격을 갖고 있다. 성격이 개방적이어서 누구하고나 허물없이 마음을 열고 접촉할 수가 있다.

그들은 생활을 사랑하고, 자신을 사랑한다. 현실의 상황 변화에 민감하여 저항 없이 이에 적응하고, 욕구불만이나 스트레스, 좌절 등을 오래 간직하지 않으며, 인간관계도 대체로 원만하다.

체격적 특징은 중년 이후에 비만해지며 얼굴은 둥근 편이다. 피부는 지방으로 윤기가 나고, 동작은 자연스러우며, 타인에게 편안함을 갖게 한다.

취미의 범위는 넓지만, 깊이 파고들지는 않는다. 대개가 통속적인 오락을 좋아하며, 시나 클래식 음악 같은 로맨틱한 취미와는 인연이 적다.

조울형 인간은 창조성은 풍부하지만, 너무나 현실에 밀착되어 있어서 독창적인 비약이 없다는 것이 발상의 특징이다. 흥미의 대상을 잘 바꾸어 한 가지 일을 끈기 있게 추구하지 못한다.

현실과 타협하는 성질이 강해 조금만 힘들어도 적당한 선에서 손을 뗀다. 기획자로는 아이디어의 질보다는 양에 승부하는 성격이다.

조울형의 특징

조울형이라는 말이 나타내는 바와 같이 대인 관계에 붙임성이 좋고 아이디어를 잘 내놓는 것은 '조 상태' 일 때의 이야기다.

이들은 주기적으로 정반대의 '울 상태' 에 빠지는 특징이 있어서 기분이 울적하고, 아무것도 손에 잡히지 않는 우울한 기분에 빠져버리는 때가 있다.

이러한 '조 상태' 가 표면에 두드러지는 사람을 '조형躁型' 이라 하고, '울 상태' 가 표면에 두드러지는 사람을 '울형鬱型' 이라 다시 세분화하기도 한다. 조와 울 상태의 변화가 심한 사람은 일반적으로 정신질환을 앓는 경우가 많다고 한다.

조울형 인간에게는 '조 상태' 와 '울 상태' 가 정기적으로 찾아오는데, 그 주기는 사람에 따라 천차만별이다. 2년마다 오는 주기도 있고, 한 달마다 오는 주기도 있다.

시인 괴테는 2년과 7년의 주기가 있었다. 2년 동안의 조 상태에서는 훌륭한 작품을 이어서 세상에 내놓지만, 이어지는 7년 동안의 울 상태에서는 전혀 작품을 발표하지 못했다. 이 천재도 울 상태일 때는 창작 의욕을 잃었기 때문이었다.

만약 당신이 조울형이라면 자신의 조 상태와 울 상태의 주기를 파악해 두어야 한다. 훌륭한 일을 한 기간, 슬럼프에 빠져 있던 때를 메모해 보면 쉽게 자신의 주기를 알 수 있다.

현재 당신이 울 상태로 판단되면, 무조건 일을 밀고 나가려 하지 말고 조용히 쉬면서 울 상태를 지혜롭게 극복할 필요가 있다.

말하자면 이런 성격 특성을 잘 파악하여 자신의 상태를 점검하는 자세가 자신의 능력을 최대한으로 발휘하는 하나의 기술이 된다는 말이다.

그레치머의 성격 분류에 따라 당신은 어떤 유형인가를 알아둘 필요가 있다. 성격의 심리학적인 분류는 매우 타당성이 있기 때문에 나 자신에 대해 먼저 잘 알고 있다면, 어떤 일을 추진할 때에도 효과적인 기술로 접근할 수 있기 때문이다.

간질형의 특징은 무엇입니까?

 질서정연하고 규정이나 원칙을 중시한다. 그러나 창조적 작업이나 기획을 세우는 일에는 적합하지 않다.

간질형 인간은 특성상 다른 사람보다 세 배의 노력이 필요하다. 왜냐하면 이들의 발상은 고정적이고 보수적이어서 기획자로서는 가장 부적당한 사람이라고 할 수 있기 때문이다. 현재의 상태를 개혁하거나 변혁하려고 하는 창조적 사고에는 적합하지 않다.

그러나 통계를 수집하여 일람표를 작성하는 등 시간을 들여서 꼼꼼하게 정성을 들여야 하는 작업 과정에서는 남이 놓치는 실수를 발견하는 경우가 많다.

그들은 한 마디로 근면 성실함의 대표이다. 차분하고 깨끗한 것을 좋아하며 꾸준히 노력하는 끈기 있는 사람들이 이에 속한다.

주로 스포츠맨에 근육질 많은 체격으로 피부는 강인하고, 얼굴에 여드름이나 종기가 잘 나는 특징을 갖는다. 형식이나 질서에 구애되어 사소한 격식을 중요시한다. 도장 하나를 찍는 데도 소정의 위치에 똑바로 찍지 않으면 마음이 편하지 못한 사람들이다.

회사 내에서도 사람들이 행동적으로 밀고나가는 추진력이 없이 새로운 문제가 생기면 우선 규정부터 뒤지기 시작하니 주변의 시선이 좋을 리 없다.

이 유형에 속하는 사람은 지나치게 규정과 질서를 중시하기 때문에 다른 사람이 제기한 아이디어가 아무리 참신하고 생산적인 것이라고 해도 기존의 질서에 위배되지 않은지를 먼저 걱정한다. 그리고는 혹시 실수라도 할까 봐 거듭해서 조심하는 사람이다.

평소에는 착실하고 예의가 바르지만, 한 번 화가 나면 손을 댈 수 없을 만큼 발작적이어서 상사를 때리거나 갑자기 책상을 뒤 엎거나 사표를 내던지고 나가버리는 돌출 행동을 하기 때문에 주변 사람들을 놀라게 하기도 한다.

다른 사람보다 세 배 이상 노력하라

그러나 이들은 자기 자신의 특성을 살려서 꾸준하게 노력을 게을리하지 않는다면 도스토예프스키나 톨스토이의 경우와 같이 훌륭한 대작을 완성한 사람들처럼 놀라운 능력을 보일 수도 있다.

『전쟁과 평화』,『안나 카레리나』 등 불후의 명작을 남긴 톨스토이는 아마도 전형적인 간질형 인간으로 보인다. 그는 서른네 살의 나이에 친구의 딸에게 반해 7일 만에 전격 결혼하기에 이른다. 열여덟 살의 아내 소피아를 만나 한때나마 그들은 세상 부러울 것 없이 행복했다. 그들은 행복한 생활이 언제까지나 계속되기를 신에게 빌었을 것이지만 현실은 그렇지가 못했다.

그런데 두 살 때 어머니를 잃은 톨스토이는 모성에 대한 집착이 강했다. 여기에 외모 콤플렉스까지 합쳐지면서 독특한 여성관을 만들어 내었고, 급기야 소피아에게 피임을 일체하지 못하게 하고 자그마치 13명의 아이를 출산케 했다.

당시 귀족들은 유모를 부르는 것이 상례였지만, 톨스토이는 유모를 부르는 것조차 반대하고, 자신의 지독한 악필을 소피아에게 교정하도록 주문했다.

물론 소피아도 병적으로 질투심이 강했다. 그녀는 누추한 시골 여자로 변장한 차림으로 숲 속에까지 따라다니며 남편의 행동을 감시했다. 그래서 그들은 종종 심한 언쟁을 벌였다.

그녀의 질투는 자기 딸의 사진을 소총으로 쏘는 끔찍한 사건을 저질렀고, 급기야 아편 병을 입에 물고 뒹굴며 자살하겠다고 소란을 피운 적도 있었다.

결국 지주생활을 청산하고 농민으로 돌아가겠다고 선언하며 가출을 감행한 톨스토이. 이로써 아내 소피아를 악처로 몰았지만, 그럼에도 불구하고 그의 열정적인 노력 덕분에 톨스토이의 불후의 명작들은 세상에 빛을 보게 된 것이다.

인간적 삶으로 보자면 오히려 보통 사람보다 험난하였지만, 간질형 인간의 특성으로 인류사에 커다란 업적을 남겼던 것이다.

문 29 기획을 잘 할 수 있는 방법은 무엇입니까?

답 자신의 성격을 알고, 발상의 특징을 최대한 살리는 것이 기획을 잘할 수 있는 방법이다.

 사람의 성격에는 여러 가지 유형이 있고, 그에 따라 제각기 사고의 발상 방법도 크게 다르다는 것을 알았을 것이다. 사람마다 얼굴 생김새가 다르듯이 성격 또한 천차만별임을 알아야 한다.

따라서 자신의 성격을 알고, 그 발상의 특징을 최대한 살리는 것이 기획을 잘할 수 있는 방법이다. 만일 자신의 성격적 특징을 무시하고 무리한 발상을 시도한다면 도리어 자신의 개성을 죽이는 결과가 될 것이다.

분열형 인간은 생각의 방향이 언제나 자기 자신을 향해 있다. 이런 유형의 사람은 자살을 진지하게 생각하거나, 심한 열등감에 빠지는 경우가 많다는 점에 유의해야 한다. 그러므로 끊임없이 사고의 내용을 기획과 관련시키는 노력이 필요하다.

외부와의 교통을 끊고 틀어박혀 자기만의 세계에 철저히 몰입하여 자신과 엄격히 대결하는 것은 좋지만, 그 목적은 어디까지나 독창적 사고에 두어야 한다. 분열형 특유의 고통의 과정을 통해 무엇인가 생산적인 소득을 얻도록 해야 하는 것이다.

또 분열형에 속하는 사람은 인간관계에 서투르다는 점을 기억해야 한다. 따라서 분열형 인간이 관리자가 되면 부하 직원의 기획안에 대하여 너무 신랄한 비판을 하기 때문에 부하 직원의 기획력의 싹을 짓밟아버리는 경우도 있다. 이러한 점은 분열형의 사람을 등용하는 경영자는 물론, 분열형 관리자 본인도 항상 유의해야 한다.

조울형 인간은 자신의 감성이 항상 조 상태를 유지할 수 있도록 하는 노력을 게을리해서는 안 된다. 어떤 기획을 고안해야 하는 경우에도 혼자서 일에 빠지지 말고, 여러 사람들과 의견을 나누는 과정을 통해 자신의 두뇌 회전을 원활하게 만드는 것이 효과적이다.

조울형 인간에게 가장 적합한 방법 브레인스토밍

브레인 스토밍(brain storming)은 조울형 인간에게 가장 적합한 방법이라고 할 수 있다. 이런 유형에 속하는 사람은 인간관계가 원만하기 때문에 자신의 기획력을 발휘할 뿐만 아니라, 다른 사람의 기획력을 동원하고 이용하는 데도 유능하기 때문이다.

다만 협조성이 강하기 때문에 차원이 낮은 아이디어에도 타협하기 쉬운 결점이 있다는 사실을 스스로에게 환기시켜 항상 주의해야 한다. 또 타고난 성격이 모질지 못해서 모처럼의 좋은 기획이 흐지부지되어 버리는 경우가 있고, 실적이 저조한 울 상태를 대비해 항상 메모하는 습관을 몸에 익히도록 한다.

간질형 인간은 소극적이고 꼼꼼한 태도가 두뇌 회전을 둔화시키기 때문에 서툰 유머라도 자주 구사하면서 여유 있는 생활 태도를 유지하는 것이 바람직하다.

원래 기획이란 종합적인 것이므로 한 사람의 생각으로 완성되는 경우는 매우 드물다. 기획은 입안, 구성, 연출의 3부작이 잘 어우러져야 비로소 하나의 완성품이 되는 것이기 때문이다.

공연히 잘 떠오르지도 않는 아이디어를 내기 위해 고생하거나 탄식하기보다는 자기가 자신 있게 할 수 있는 분야에서 재능을 발휘하는 것이 바람직하다. 나설 차례를 알고 그 소임을 다하는 것이 좋은 기획자가 될 수 있는 방법이다.

진정한 기획력이란 무엇을 말합니까?

 보통 사람들이 전혀 관계가 없다고 생각하는 요소라도 하나의 관계를 만들어 이용하는 능력이다.

 창조적이란 보통 사람들과는 전혀 다른 발상이나 생각을 하는 것은 물론이고, 다른 사람이 미처 생각하지 못하는 새로운 결합을 고안해 내는 것을 말한다.

지금까지 세상에 전혀 없었던 것, 완전히 새로운 구성요소를 서로 짜맞추어 전혀 새로운 내용의 것을 만들어 낸다는 것은 실제 사회에서는 거의 불가능한 일이다.

실제 기획이라고 하는 것의 99.9퍼센트는 누구나 알고 있는, 또는 흔하게 접할 수 있는 것을 새롭게 결합시킴으로써 탄생된다. 물론 이 새로운 결합은 어떠한 '유효성'을 보유하고 있어야만 비로소 기획과 연결될 수 있다.

기획력이 풍부한 사람들을 살펴보면 아무런 관계도 없을 것 같은 것끼리 결합시켜 새로운 형태를 만들어 내는 재능이 우수한 것을 알 수 있다.

예를 들면 농작물의 콤바인을 개발한 미국의 메코믹은 이발소에서 이발을 하다가 바리캉의 작동 원리를 보고서 아이디어를 얻었다. 당시 자신이 연구 중이던 콤바인에 연관시켜도 좋겠다는 생각을 하였고, 결국 바리캉의 작동을 응용함으로써 콤바인을 개발하는 데 성공했다.

또한 시끄러운 소리를 내면서 끓고 있는 주전자 뚜껑에서 아이디어를 얻어 증기기관을 발견한 제임스 와트의 이야기도 이러한 사실을 증명해 주고 있다.

사람들이 이러한 새로운 결합을 착안해 낼 수 있었던 요인은 무엇일까.

새로운 결합을 착안해 내는 요인

그것은 ①항상 문제의식을 갖고 생각하고 있었다, ②올바른 정보를 찾아 촉각을 곤두세우고 있었다, ③논리적 체계를 세워 나갔다, ④기획력에 필요한 여러 가지 요소의 뒷받침이 있었다는 점이다.

이런 경우를 상상해 보자. 예컨대 친한 친구가 새로 미용실을 개업했다. 그런데 미용실 경영에 도움이 될 만한 물건을 선물하고 싶다면 무엇이 좋겠는가.

이럴 때 새롭고 독특한 관련성을 갖는 것이 되도록 연구해 보자. 어느 경영 컨설턴트의 대답은 폴라로이드 카메라였다. 어떻게 생각하면 미용실과 폴라로이드는 아무런 관련도 없을 것 같다. 그렇다면 그 컨설턴트는 폴라로이드 카메라에서 어떠한 연관성을 찾아낸 것일까.

그의 생각은 이러했다. 즉, 머리 손질을 끝낸 손님이 자신의 머리 모양을 마음에 들어하면 폴라로이드로 사진을 찍어 한 장은 손님에게 선물하고, 다른 한 장은 고객 카드에 붙여놓는다.

손님은 가장 아름다운 머리 모양의 사진을 선물로 받게 될 뿐만 아니라, 그 사진을 갖고 항상 자기 머리 모양을 점검할 수 있고, 담당 미용사가 바뀌더라도 카드의 사진을 보면 누구라도 그와 똑같은 모양으로 머리를 손질할 수 있으리라는 것이 그의 생각이었다.

이렇게 독창적인 연관성을 발견하는 실마리는 어디서 찾아야 할 것인가.

사람들이 생각하지 못하는 관계를 발견하는 능력, 즉 보통 사람은 아무런 관계도 없다고 생각하는 두 가지를 결합시키는 능력으로, 흔히 연상 능력이라고 할 수 있다.

이렇게 새로운 연관성을 발견하는 훈련법의 하나로 심리학적 방법인 연상법을 강화시키는 것이 좋다.

이기는 기획의
연상력

문 31 연상 능력을 높이는 방법은 무엇입니까?

답 연상 능력을 높이기 위해선 하나의 단어를 생각하고 그에 관련된 여러 가지 요소를 떠올리고 차츰 그 영역을 확대해 나가는 의식적인 훈련을 해야 한다.

해설 연상 능력은 기획의 꽃이다. 참신한 기획을 얻는다는 것은 전혀 상관없을 것 같은 몇 가지를 관련시켜 봄으로써 전혀 새로운 기획이 탄생하기 때문이다.

연상 능력은 인간에게 수많은 발명과 발견을 가져다 준 원동력이었다. 아리스토텔레스도 '인간이 사물을 인식하는 것은 자연에 갖추어진 법칙성, 즉 연상聯想에 의하는 것' 이라고 말했다.

당신의 연상 능력은 어느 정도인가 한번 생각해 보라. 어렸을 때에 당신은 이런 노래를 불러본 경험이 있을 것이다.

"원숭이 엉덩이는 빨개⏵빨개면 사과⏵사과는 맛있어⏵맛있으면 바나나⏵바나나는 길어⏵길으면 기차⏵기차는 빨라⏵빠르면 비행기⏵비행기는 높아⏵높으면 백두산⏵백두산……"

이것은 전형적인 연상 게임이다.

지금 당장 '백두산'이라는 단어를 듣고 5초 이내에 생각할 수 있는 낱말을 될 수 있는 한 많이 말해보라고 한다면 대부분의 사람들은 '눈, 압록강, 우리나라 최고봉, 중국과의 경계선'과 같은 낱말들을 연상할 것이다.

이것은 지극히 평범한 연상이다. 이에 비해, 드물기는 하지만 개중에는 '무' 같이 백두산과는 아무런 관계도 없을 것 같은 엉뚱한 연상을 하는 사람도 있을 것이다. 어떻게 백두산과 무를 연결시켰을까를 보자. 아마도 다음과 같은 연상의 발전이 이루어졌을 것이다.

백두산◐눈→희다◐무

백두산◐압록강◐길다◐무

백두산◐우리나라 제일◐총각김치◐무

사람들은 일상적인 지식과 경험에서 '밥'이라고 하면 '수저', '책상' 하면 '의자'라는 식으로 가장 가까운 것을 연상하는 사고 습관이 몸에 배어 있기 때문에, 관계가 없어 보이는 것은 연관시킬 생각을 전혀 하지 않는다.

즉, 가까운 연상은 거의 반사적으로 머리에 떠오르지만, 거리감 있는 연상은 머릿속에 사고의 채널이 마련되어 있지 않아서 좀처럼 잘 떠오르지 않는 것이다.

또한 우리나라의 학교교육은 단편적인 지식의 주입이나 개념의 명확화나 그 분류를 가르치는 데 치중한 나머지, 지식의 분류나 정리는 우수하지만 서로 동떨어진 개념이나 지식의 관계를 연결시키는 능력은 매우 부족한 실정이다. 즉, 연상 능력을 키우는 교육을 하지 못했던 것이 사실이다.

연상능력은 개개인의 관심사에 제약을 받는다

연상 능력은 개개인의 관심사나 생활환경에 의해 큰 제약을 받는 것이 분명하다. 대부분의 사람은 매일 틀에 박힌 생활을 되풀이하고 있다.

그러나 기획에 필요한 것은 누구나 생각할 수 있는 평범한 연상이 아니라, 다른 사람은 따라올 수 없는 연결 능력인 것이다. 따라서 평범한 연상에서 비범한 연상으로, 당신 지식의 '연상가'를 높이기 위해서는 의식적으로 연상 훈련을 해야 한다.

워드프로세서를 처음 배울 때에 한 글자씩 치다가, 단어를 치고, 숙달되면 문장을 치게 되는 것과 같은 맥락으로, 연상 훈련은 단계적으로 해나가면 큰 효과가 있다.

문 32 초점법이란 무엇입니까?

답 초점법이란 렌즈 초점에 빛을 모으듯이 창조력에서 두 가지 요소와의 관계를 연상해내는 것이다.

해설 연상 능력은 물론 두뇌의 유연성까지 강화할 수 있는 창조성 계발 훈련법으로 '초점법'이 있다. 그것은 다음과 같은 방법으로 진행해 나가는 것이다.

예를 들어 의뢰인이 디자이너인 당신에게 '의자' 디자인에 관한 새로운 아이디어를 요청했다고 하자. 그러면 당신은 무엇이든지 좋으니까 의자와 전혀 관계가 없는 물건 한 가지를 생각한다.

당신이 생각해 낸 것이 '전구'라고 하자. 전구의 모양은 여러 가지지만, 여기서는 일반적인 구형 전구를 생각했다고 하자. 이 전구의 성질을 분석하거나 전구에 관한 여러 가지 사항을 연상하면서 어떻게 해서든지 '의자' 디자인에 관한 아이디어를 찾아내려고 하는 것이 초점법이다.

물론 연상 대상이 되는 물건은 반드시 전구일 필요는 없다.

'비행기' 든 '사람 얼굴' 이든 의자와 직접적인 관계가 없는 것이라면 무엇이든 상관없다.

여기서는 전구로 이야기를 진행시켜 보기로 한다. 전구와 의자와의 연관성을 묶어보자.

전구는 유리로 만들었다.→유리 의자는 만들 수 없을까.

전구는 둥글다.→둥근 모양의 의자는 불가능할까.

전구는 전기로 빛을 낸다.→전기 장치를 한 의자는?

이 중에 '전구→둥글다' 의 결합에서 연상을 확대시켜 나가면 '둥근 모양→사람 몸에 딱 맞는 모양→글래머 걸→유명한 글래머 여자배우의 몸에 맞추어 디자인한 의자를 만들어, 예를 들면 '매릴린 몬로 의자' 라고 이름을 붙이면 좋겠다……' 이런 식으로 연상의 영역을 넓혀 간다.

다른 방향에서 연상해 나간다

다시 '전구→둥글다' 에서 다른 방향으로 연상을 확대시켜 나가면 '둥글다→구근→꽃에서 '꽃모양으로 된 의자를 만들면 어떨까…' 하는 아이디어로 비약할 수 있다.

꽃에서 연상 범위를 넓혀 가면 '꽃→장미, 백합 등 종류가 많다' 에서 장미 의자, 백합 의자라는 이름을 붙인 장미 모양, 백합 모양의 의자를 만들어 볼까?→장미 모양, 백합 모양을 결합한 복합적인 모양의 의자는 어떨까?→아예 가든 체어 시리즈를 만들면 재밌겠는데……로 이어질 수 있다.

다시 꽃에서 다른 방향으로 연상해 보면 '꽃에는 줄기와 잎이 있다.→꽃의 줄기나 잎의 모양을 살린 의자는 만들 수 없을까' 또는 '꽃에는 향기가 있다→앉으면 향수가 나오는 의자를 만들면 재밌겠다……' 로 이어질 수도 있다.

이것은 창조적 사고 기술의 연구가로 알려진 미국의 파이팅이 예로 든 내용이다.

이와 같이 전구로부터 연상할 수 있는 모든 내용을 의자 디자인에 결부시키는 과정이 마치 렌즈의 초점에 빛을 모을 때의 상태와 같다고 해서 '초점법' 이라고 이름 붙여졌다.

말할 것도 없이 여기서 연상의 근본이 되는 물건이 반드시 '전구' 일 필요는 없다.

좋은 아이디어를 찾아 머릿속에서 막연하게 방향 없이 헤매는 것보다, 이를테면 전구라는 물건을 매개로 생각하면 연상은 좀더 풍부해지고 아이디어도 쉽게 나올 수 있다는 하나의 예이다.

이와 같은 방법을 당신이 연습해 본다면 기획력 향상에 큰 도움이 될 것이다.

문 33 체크리스트법이란 무엇입니까?

 답 상식이나 고정관념을 탈피하여 발상을 자유롭게 하는 것이다.

 해설 체크리스트법은 아이디어 계발 기법의 하나로 유명하지만, 실제의 기획 활동에서는 별로 활용되고 있지 않은 것 같다.

이는 많은 사람들이 체크리스트법을 전문가나 사용하는 특별한 기법이라고 생각하고, 체크리스트 그 자체의 폭넓은 이용 가치에 관해 잘 알려고 하지 않은 데 그 원인이 있는 것 같다.

체크리스트의 주요 목적은 인간 사고의 맹점을 보충하는 동시에, 상식이나 고정관념의 틀을 타파하여 발상을 자유롭게 하는 데 있다.

따라서 체크리스트는 단순히 창조적 사고를 기르기 위한 훈련에만 사용되는 것이 아니라, 아이디어를 얻기 위해서 또는 계산이나 기획을 검토하기 위해서, 나아가서 일상생활의 여러 가지 곤란한 문제에 대한 해답을 찾아내기 위해서도 빠뜨릴 수 없는 기법이다.

체크리스트법의 장점은 대상이나 전문분야에 관계없이 각각에 맞는 체크리스트를 여러 개 만들 수 있다는 것이다. 이 방법의 고안자인 오스본의 체크리스트에는 다음과 같은 내용도 있다.

'이것과 닮은 것은 없을까?

'어딘가를 바꾸어 본다면 어떨까?

'빛깔을 바꾸어 보면 어떨까?

'위와 아래를 서로 바꾸어 보면 어떨까?

'비스듬히 하면 어떨까?

'폭을 좁게 하거나 넓게 하면 어떨까, 아니면 길이를 길게 하면 어떨까?

'두 배로 늘리거나 반으로 줄이면 어떨까?

'시간을 더 늘이거나 단축하면 어떨까?

'동물이나 식물로 하면 어떨까?

'물, 전기, 불, 빛 등을 이용하면 어떨까?

사고의 폭을 무한히 넓힌다

체크리스트는 사고의 폭을 무한하게 하기 위한 것이므로 완벽한 것은 있을 수 없다.

생각이 나는 것 또는 새로운 사실을 알아냈을 때에 다시 '……하면 어떨까' 라는 항목을 추가하면서 좀더 완전한 것으로 만들어 가면 된다.

체크리스트의 구체적인 방법에 대해 예를 들어 한 번 더 알아보도록 하자.

이를테면 계량컵이 있다. 지금까지 사용해 오던 계량컵은 밑부분부터 수평으로 눈금이 새겨져 있었기 때문에 내용물의 양을 측정할 때에는 일일이 컵을 수평으로 다시 세우지 않으면 눈금을 읽을 수가 없었다.

이러한 번거로움을 없애고 싶을 때에 체크리스트를 이용해 보는 것이다.

체크리스트를 만들어 보면 '비스듬히 하면 어떨까?' 하는 항목이 나올 수 있다. 여기서 계량컵의 눈금을 비스듬히 새기면 컵을 일일이 세우지 않고도 눈금을 읽을 수 있다는 사실을 찾아낼 수가 있다.

이처럼 체크리스트법은 신제품의 개발이나 전문적인 기획에 활용하면 매우 좋은 효과를 얻을 수 있다. 당신이 종사하고 있는 직업 분야에 따라 비용, 조직, 판매, 홍보, 인사 관리, 물자 관리, 재무 관리 등 어떠한 부문에서나 모두 체크리스트를 만들 수 있다.

기획의 현실성을 높이려면 어떻게 해야
합니까?

답
목표를 정확히 해야 한다.

해설
우리나라 직장인들을 대상으로 "업무 능력 가운데 가장 필요한 것은 무엇인가?"라는 설문조사를 한 결과, 가장 우선순위로 꼽은 것이 '기획서 작성'이라고 한다. 기획 능력의 핵심을 기획서 작성이라고 국한해서 생각하는 경향이 있는 것이다.

그러나 반드시 기획서를 작성하는 일뿐 아니라 모든 창의적인 아이디어를 산출하는 능력으로서 기획을 생각해야 옳다.

기획에서 창조성이 반드시 필요하다는 사실은 두말할 필요가 없다. 그러나 아무리 독창적인 발상, 우수한 아이디어라고 해도 그것이 현실적으로 실천할 수 있는 것이 아니면, 그것은 단순한 착상이나 아이디어로 끝나게 되므로 진정한 기획이라고 할 수 없다.

그러므로 기획에는 반드시 현실성이 가미되어야 한다. 아이디어의 우수성만 믿고 막대한 비용과 노력을 쏟아부었으나, 실현 단계에서 기업의 목적이나 시장성에 합치하지 않은 것을 알게 되었을 때는 결국 '기획 파기'라는 형태로 끝난다.

이러한 경우가 적지 않은 것은 기획의 입안 단계에서 실현 가능성을 철저하게 추구하지 않았기 때문이다.

기획은 창조성과 함께 현실성도 지녀야 한다. 어떻게 보면 반대편에 위치한다고 할 수 있는 두 요소가 잘 부합될 때 좋은 기획이 탄생하는 것이다. 그러면 이 현실성을 충족시키기 위해 기획은 어떠한 조건을 갖추어야 하는 것일까.

첫째, 기획의 목표가 정확한 방향을 가져야 한다.

기획의 목표는 항상 기업 전체의 목표와 합치되어야 한다. 기획의 목표 자체가 기업의 목표와 합치되지 않는다면 기획은 쓸모없는 것이 되어버린다.

객관적인 평가가 뒷받침되어야 한다

둘째, 기획은 객관적인 평가에 의하여 뒷받침되어야 한다.

공정하고 충분한 정보들로 뒷받침된 기획이어야 하는데 잘못된 시장 조사로 실패하는 예는 수없이 많다. 따라서 기획은 목표를 달성하기 위한 최선의 정책 결정이어야 한다. 목표 설정이 기획의 대전제라고 하는 이유가 여기에 있다. 정보 수집과 분석은 모두 이 목표를 향해 집약되어야 한다.

그런데 기획 목표를 잘못 잡게 되면 단순히 그 기획의 실패를 의미할 뿐만 아니라, 그 위의 단계에 있는 기획에도 좋지 않은 영향을 미치게 된다. 기업은 여러 가지 단계에 걸쳐 크고 작은 수많은 목표를 갖고 있기 때문이다.

5년, 10년 후의 회사 운명을 결정할 만한 대목표는 최고 경영자들에 의하여 결정된다. 이 큰 목표를 실현하기 위하여 중목표를 설정하는 것은 중간 간부이고, 다시 그 중 목표를 실현하기 위한 소목표를 설정하는 것은 사원 한 사람 한 사람이다. 따라서 비록 작은 목표일지라도 오류가 있으면 중목표의 실현을 지연시키거나 곤란하게 하고, 나아가서는 대목표의 실현에도 나쁜 영향을 미치게 된다.

올바른 목표 설정이 이렇게 중대한 것임에도 우리는 잘못되거나 애매한 목표 아래서 기획을 입안하려고 하는 쓸데없는 노력을 기울이기 쉽다.

올바른 목표란 어떤 것입니까?

 그 목표가 추상적이거나 애매해서는 안 된다.

기획력에 있어서 올바른 목표를 정립한다는 것은 매우 중요한 일이다. 마치 옷을 입을 때 첫 단추를 잘못 끼우면 제대로 옷을 입을 수 없을뿐더러 처음부터 다시 단추를 다시 끼워야하는 번거로움이 따르는 것과 같다.

올바른 목표가 되기 위한 조건은 간단하다. 추상적이거나 비현실적인 기획, 애매한 기획, 설득력이 없는 기획은 첫 단추를 잘못 끼운 것처럼 진행 상태가 매끄러울 수가 없는 것이다.

최근 기업에서는 업무의 분화 및 복합화 현상이 두드러지게 나타난다. 따라서 각 개인이 정확한 자기 목표를 설정하는 것이 곤란해졌다. 자칫하면 기업 전체의 목표를 망각하고, 자신이 그 안에서 수행해야 할 역할이 무엇인지, 그리고 무엇을 목적으로 일하고 있는지를 명확하게 의식하지 못하는 경우가 생기는 것이다.

세분화된 작업만 계속하고 있다 보면 목표 의식이 희박해져서 당면한 저차원의 작업 자체를 본래의 목표와 바꿔 버리는 경향이 있기 때문이다. 또한 상부의 명령이라는 형식으로 목표가 부여되면, 이 목표를 절대 불변의 것으로 신봉하여 그 오류나 불명확성을 알아차리지 못하게 된다.

잘못된 목표 중 하나는 '애매한 목표' 다.

기획의 목표는 상부로부터 '자동차 50대를 팔라' 는 것과 같이 얼핏 보면 명확한 형태로 부여되는 경우도 있고, '매출 증대' , '사기 앙양' , '이익 증진' 과 같은 추상적인 형태로 주어지는 경우도 있다.

추상적인 형태의 목표는 목표라기보다는 목표 이전의 전제라고 할 수 있는 것으로, 그 전제에 입각하여 50대를 팔라든지, 경상비를 줄인다는 구체적인 목표가 나오는 것으로 생각해야 한다.

문제는 '50대를 팔라' 또는 '경상비를 줄인다' 고 하는 명확한 것처럼 보이는 목표다. 아무리 명확해 보이는 목표도 많든 적든 불명확성을 지니고 있다.

명확해 보이는 목표에도 불명확성을 내포하고 있다

문제는 이를 파악하는 일이 쉽지 않다는 것이다. 이렇게 애매한 목표 설정으로는 우수한 기획이 나올 수 없다. 적어도 기업

목적에 합치되는 기획을 탄생시킨다고 하는 점에서 본다면 대단한 마이너스다.

겉으로 보기에 명확한 것 같지만 실제로는 애매한 목표도 있다.

예컨대 자동차 판매회사의 영업사원에게 상사로부터 6개월 동안 50대를 판매하라는 과업이 주어졌다고 가정하자.

그러면 사원은 여러 가지 방책을 모색할 것이다. 지금까지의 방식으로는 아무리 노력해도 40대가 고작이었다면, 노동시간을 연장할 것인가, 판매 방법을 바꾸어 볼 것인가, 아니면 출혈을 각오하고 저가로 판매하여 판매 대수만 50대를 채울 것인가 등등 여러 가지 방법을 궁리할 것이다.

그러나 근본적인 대책은 나오지 않는다. 그것은 50대를 판매한다는 것만으로는 목표가 명확하지 않기 때문이다.

이런 때는 상사의 참뜻이 무엇인가를 확인해야 한다. 그러나 상사의 의도를 정확히 파악하기도 그리 쉬운 일이 아니다. 그러므로 평소 상사의 취향에 안테나를 곤두세우는 자세가 무엇보다 중요하다.

여러 가지로 어려운 일이 아닐 수 없지만, 처음부터 목표를 명확하게 했다면 이런 불상사는 일어나지 않을 것이다.

불문명한 목표를 현실에 맞게 전환시킬
때의 방법은 무엇입니까?

답

목표를 자기언어로 바꾸는 것이다.

해설
조금 더 이야기를 진행시켜 보자. 앞의 사례에서 50대를 판매한다는 것은 과연 어떤 의미일까.

이익이 얼마인지는 상관없이 50대를 팔기만 하면 된다는 것일까, 아니면 자동차 대수는 30대라도 50대를 판 것과 같은 이익을 올리면 된다는 것일까? 그렇다면 100대를 팔면 어떻게 되는 것인가?

이와 같이 50대를 판매한다고 하는 목표를 분석해 가면 그것이 단순히 목표의 기준에 지나지 않으며, 결코 절대적인 것이 아니라는 사실을 깨닫게 될 것이다.

이쯤 이르면 당신은 50대를 판매한다는 불명확한 목표를 명확한 목표로 바꿀 수 있다. '자동차 한 대를 판매했을 때의 이익은 지금까지와 같거나 그 이상으로 하여 6개월 동안에 50대를 판매하는 것과 동일한 이익을 올릴 것.'

목표가 이와 같이 구체적으로 압축되면 목표 달성을 위한 대책, 즉 기획을 세우는 것도 한결 쉬워진다. 기획은 이렇게 세울 수 있을 것이다.

첫째, 지금까지와 같은 방법으로 40대를 판매한다.

그 대신 저당 잡은 물건들을 전보다 빠른 속도로 처분하여, 그 이익을 부족분 10대의 판매 이익에 맞춘다.

둘째, 100대를 판매한다.

아르바이트로 보조 판매원을 두 사람 고용하여 조직적인 판매 방법을 생각해 본다. 총이익에서 판매 보조원에게 지불하는 사례비를 뺀 나머지가 50대를 판매한 이익과 같거나 그 이상이 되도록 한다.

셋째, 책임량을 완수하는 기간을 1년으로 연장한다.

처음 6개월 동안은 직접적인 판매보다 고객을 찾아다니며 자동차를 홍보하는 씨뿌리기 작업을 중심으로 추진하고, 그 후 6개월 동안에는 주로 계약을 받는 거두어들이는 작업을 한다.

목표는 명확히 한다

6개월 동안에 50대를 판매한다는 것에 구애받지 않고 차분하게 1년 동안에 100대를 판매한다. 이렇게 하면 결과적으로 6개월 동안 50대를 판매한다는 목표는 달성되는 셈이다.

생각해 보면 목표를 달성할 수 있는 방법은 이런 사례 외에도 얼마든지 있다. 다만 실제로 업무를 하다 보면 현실적인 제약도 많고, 목표대로 되지 않을 경우가 생길 것이다.

그러나 애매한 목표를 확인하고, 무엇을 어떻게 해야 좋을 것인가를 확인하는 작업을 하다 보면, 이렇게 목표를 명확하게 함으로써 좀더 현실적이고 밀도 있는 기획이 탄생될 수 있다.

애매한 목표에 매달려 있는 한 헛된 수고와 고생에서 맴돌 뿐, 시간만 지나고 아무런 결실도 맺지 못하기 일쑤다.

특히 기업 활동에서는 상부의 명령을 절대적이고 올바른 목표로 믿기 쉬운데, 완전한 것처럼 보이는 목표라 해도 먼저 그 목표를 자신의 언어로 바꾸는 절차를 게을리해서는 안 된다. 자신의 개성과 컨디션, 특기 등을 고려하여 상부로부터 일괄적으로 주어지는 목표를 자기의 체질에 맞게 받아들여야 한다는 사실을 명심하라.

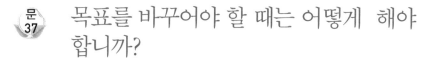

목표를 바꾸어야 할 때는 어떻게 해야 합니까?

답 목표의 출발점으로 되돌아가서 무엇이 문제인지 생각해본다.

해설 심리학자는 인간의 심리나 행동에 관한 흥미나 호기심에서 출발하여 현재와 같이 심도 깊은 심리학 연구를 하게 되었을 것이다.

그는 연구 도중에 여러 가지 어려움에 당면했을 것이며, 인간의 행동은 한 마디로 규정지을 수 없는 무수한 요인에 의해 이루어지기 때문에 어디서부터 시작해야 좋을지 몰라 방황하기도 했을 것이다. 그래서 어쩔 수 없이 인간 대신 원숭이나 개, 그리고 쥐가 심리학 연구의 테마가 되기도 했다.

이와 같은 과정을 거치는 동안에 원래 목표였던 인간에 대한 흥미나 관심은 사라지고, 쥐에 대한 연구에 몰두하는 현상이 생길 수도 있다. 이러한 목표의 바꿔치기가 일어나는 원인은 심리적 긴장과 좌절 때문이라고 한다.

사람은 목표를 설정하고, 이를 향하여 행동해 갈 때 일종의 긴장 상태에 놓이게 된다. 또한 사람은 해결하기 곤란한 문제에 부딪히면, 그것이 사소한 것이라 해도 모든 에너지를 집중해 그 문제를 해결하려고 한다. 이것이 저지되거나 좌절되면, 이로 인하여 냉정한 판단력을 잃고 충동적 요소가 강하게 작용하게 된다.

심리학에서는 이러한 욕구불만으로 야기되는 심리현상을 다음 세 가지로 분류하고 있다.

첫째, 공격 현상으로, 남을 책망함으로써 대리만족하는 현상이다.

한 심리학자는 다음과 같은 관찰을 보고한 바 있다. 고양이가 텔레비전 브라운관에 나타난 쥐를 잡으려고 할 때 장면이 바뀌면서 사람이 등장했다. 그러자 쥐를 쫓던 행위를 중단당하여 좌절한 고양이는 텔레비전 속의 사람을 향하여 발톱을 세우고 공격하려 했다.

사람도 마찬가지다. 자기 마음대로 되지 않는 일이 일어났을 때에는 다른 것을 공격하는 것으로 목표를 바꿔치기한다. 왜 그러한 사태에 이르렀는가, 거기에 대처하려면 어떻게 해야 할 것인가 하는 본래의 기획 목표를 잃기 쉬운 것이다.

고착현상이란 한 가지에 집착하는 현상

둘째, 고착 현상은 한 가지에 집착하는 현상이다.

외국의 한 대학의 생산공학연구소에서는 이미 개발한 우주

로켓을 무려 17개월 동안 단 한 발도 쏘아 올리지 못한 적이 있었다. 왜 17개월 동안이나 지연되었던 것일까.

그 이유는 로켓 발사장 부근에서 조업을 하는 어민들이 고기를 잡을 수 없게 된다고 맹렬하게 반대 운동을 펼쳤기 때문이었다. 연구원의 절반 이상이 연구를 제쳐두고 어민들을 설득했지만 잘 되지 않았다.

결국 한 연구원이 '로켓 발사대에 롤러를 달고, 롤러 밑에 트레일러를 달아서 바다가 없는 지역으로 이동하여 실험을 하면 되지 않겠느냐' 는 대안을 내놓음으로써 문제가 해결되었다고 한다.

로켓을 발사한다고 하는 본래의 목표를 실현하기 위한 수단에 지나지 않았던 어민 설득에 열중한 나머지 이것이 본래의 목표와 바꿔치기 된 것이다.

셋째, 퇴행 현상으로, 이것은 욕구불만이 쌓여 정신적인 면이 유아적으로 퇴행해 버리는 현상이다.

어느 유치원에서 2~4세의 어린이들을 한 사람씩 각기 다른 방에 들어가도록 하고 문을 잠갔다. 그런 후 어린이들에게 집짓기 장난감을 주고 숨어서 관찰했더니, 이들은 각자의 발달 단계에 맞추어 놀이에 열중했다.

이때, 갑자기 방의 커튼을 열면 밖에서는 다른 아이들이 술래잡기나 그네 같은 집짓기 놀이보다 훨씬 재미있는 놀이를 하고 있었다. 그러나 문이 잠겨 있어서 밖으로 나올 수 없다는 것을 알게 된 아이들은 욕구불만에 빠져 장난감을 내던지는 차원이 낮은 놀이를 시작했다고 한다.

욕구불만으로 인해 소중한 목표가 바뀌치기 당하는 일이 없도록 하는 것이 현명하다.

문
38 우수한 기획을 하려면 어떻게 해야 합니까?

 답 인간의 욕구를 먼저 파악한다.

 해설 기획이란 사람의 욕구를 만족시키거나, 사람의 욕구를 만들어 내는 수단과 방법을 발견하는 것이다.

기업은 사람의 욕구를 충족시켜 줄 만한 상품을 만들고, 욕구를 느낄 만한 상품을 만들어 사람의 욕구를 자극하거나 생기게 한다.

그러므로 인간의 욕구를 제대로 파악하지 못하면 우수한 기획을 입안할 수 없게 된다.

그러한 의미에서 인간의 욕구는 기업에 가장 필요한 정보라고 할 수 있다. 기업이 사람의 욕구를 추구한다는 것은 기획을 좀더 현실적인 것으로 만들어 준다.

현대는 좋은 상품, 값싼 상품만이 잘 팔린다고 할 수가 없다. 소비자의 잠재적 욕망을 포착하여 그것을 만족시켜 주는 상품이어야 하는 것이다. 이를 위해서는 매장의 디스플레이에서부터 광고 방법에 이르기까지 소비자의 욕구를 정확히 파악하고, 이에 호소할 필요가 있다. 그러나 소비자는 연령, 직업, 수입 등의 계층에 따라 각기 다른 욕구를 갖고 있기 때문에 호소하는 포인트가 다각도로 달라야 한다. 변두리 점포에서는 팔리지 않아서 먼지만 쌓여 있는 상품이 중심가의 백화점에서는 비싼 가격에도 불구하고 판매가 잘 되는 경우가 있다.

현대의 기업은 인간의 욕구를 만족시키는 상품과 서비스를 제공하는 과정에서 새로운 욕구를 창출해 내고 있다. 즉, 현대인의 욕구는 상당 부분을 기업에 의존하고 있는 셈이다. 미국의 경제학자 갈브레이드는 이를 '의존 효과' 라고 이름 붙였다. 경제 사회가 고도화되면 될수록 인간의 욕구는 한없이 퍼져나간다는 것이다.

인간의 욕구는 다양하다

인간의 욕구라고 표현은 해도 사람에 따라, 사회에 따라 그 형태는 매우 다양하여, 분별하기조차 어려우며, 같은 재질의 물건이라고 해도 둥근 것이 좋다는 사람이 있고, 뾰족한 것이 좋다는 사람도 있다. 그러나 당신이 소비자의 한 사람이고, 현재 이 사회에 살고 있는 인간 중의 한 사람이라는 사실에 생각이 미치면, 당신의 욕구를 분석하는 것이 인간의 욕구를 파악하기 위한 가장 간단한 방법이라는 사실을 깨닫게 될 것이다.

즉, 기획을 할 때 당신 자신은 가장 좋은 정보원이며, 당신 자신이 지금 당신이 입안하려고 하는 기획의 보고인 셈이다. 그렇다고 해도 사람의 욕구는 복잡하고 다양하며, 매우 빠르게 변화하고 있다. 더욱이 자신의 욕구를 정확히 자각하지 못하는 경우가 많으므로, 그 역시도 쉬운 일은 아니다.

바야흐로 기획이 대접받는 시대에 살고 있다. 산업의 어떤 분야에서도 기획이 빠지는 경우는 없다. 잘된 기획 하나가 기업을 살리기도 하고, 반대로 죽일 수도 있기 때문이다.

시대의 흐름을 파악하는 일, 대중들이 좋아하는 것이 무엇인가를 알아내는 일, 인간의 욕구가 무엇인지를 파악하는 일은 기획하기에 앞선 사전조사로 이루어질 수 있다. 그래서 오늘도 많은 사람들은 온갖 정보매체를 통해, 또는 길거리로 직접 나가 대중들의 취향을 채취하기 위해 애를 쓰고 있는 것이다.

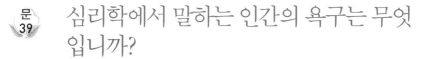

문 39 심리학에서 말하는 인간의 욕구는 무엇입니까?

답 심리학에서는 보통 인간의 욕망을 1차적 욕망과 2차적 욕망으로 분류하고 있다. 1차적 욕망은 먹고 싶다, 마시고 싶다, 잠자고 싶다는 것 등이며, 2차적 욕망은 부자가 되고 싶다, 멋진 이성을 배우자로 맞이하고 싶다, 사장이 되고 싶다는 것 등이다.

해설 좋은 기획, 현실성 있는 기획을 끌어내려면 많은 사람들이 무엇을 좋아하고 무엇을 싫어하는가 하는 취향을 알아야 한다. 바로 인간의 욕망 구조를 파악해야 한다는 말이다.

먹고 싶다, 마시고 싶다, 자고 싶다는 것에서부터 부자가 되고 싶다, 멋진 이성을 배우자로 맞고 싶다, 사장이 되고 싶다는 것에 이르기까지 인간의 욕망은 종류도 다양하고, 또 그 끝도 없다.

심리학에서는 보통 인간의 욕망을 1차적 욕망과 2차적 욕망으로 분류하고 있다.

1차적 욕망은 먹고 싶다, 마시고 싶다, 잠자고 싶다는 것 등으로, 이것이 만족되지 않으면 생명을 유지할 수 없는 종류의 욕망을 말한다. 그런 관점에서 '생리적 욕망' 이라고도 한다.

이것은 사람이라면 누구나 소유하고 있는 욕망이며, 인간 이외의 동물도 갖고 있는 욕망이다. 인간이나 동물은 이들 욕망을 충족시키기 위하여 일정한 행동을 하고 있다.

이에 대하여 2차적 욕망은 부자가 되고 싶다, 멋진 이성을 배우자로 맞이하고 싶다, 사장이 되고 싶다는 것 등으로, 설령 그 욕망이 만족되지 않는다고 하더라도 생명의 위험을 느끼는 정도는 아닌 것을 말한다.

경험으로 습득되는 2차 욕망

2차적 욕망을 만족시키는 방법은 경험적으로 습득되는 것이기 때문에 '사회적 욕망'이라고도 한다. 자기실현의 욕망, 타인에 대한 우월 욕망, 명예욕, 수집욕, 금전욕 등 사람에 따라 그 종류는 천차만별이다.

보통 2차적 욕망은 1차적 욕망에 기초를 두는 것으로, 1차적 욕망에서 파생된 것이라고 설명하고 있다. 따라서 사회가 발달하고 물질이 풍요로워질수록 2차적 욕망의 폭은 확대되고 깊어져 간다.

모두가 어려웠던 시절에는 먹고 사는 것만으로도 행복이라고 생각했지만, 시대가 발전하고 사회가 발전하면 할수록 인간의 욕망은 복잡하고 다양해진다. 사람들은 이러한 욕망들을 충족시키기 위해 끊임없는 활동을 계속해 나가며, 그러는 사이에 세상은 더욱 발전을 꾀하게 되는 순환을 하는 것이다.

1차적 욕망에 대해서는 너무도 당연하게 생각하여 아무도 의문을 갖지 않지만, 2차적 욕망에 이르면 자신과 다른 사람의 언행을 이해하기 어려운 경우가 종종 있다.

그 이유는, 자신의 진실한 욕망은 깊은 내면에 숨겨져 있기 때문에 자기 자신조차도 자신의 진실한 욕망을 알지 못하는 경우가 있기 때문이다.

2차적 욕망은 욕망을 갖는 즉시 충족될 수 있는 성질의 것이 아니라, 시간적·공간적·사회적 장애에 의하여 욕망 충족이 심한 방해를 받는다.

아마도 당신도 살아가면서 이 2차적 욕망을 실현시키기 위해 부단히 노력하고 있지만 수많은 현실적인 제약을 실감할 것이다.

이런 때는 그 욕망의 충족을 일시 중단하거나 다른 대상을 통하여 만족하는 것이 현명하다. 물론 그러한 경우에도 그 욕망은 없어져 버리는 것이 아니라, 의식의 밑바닥에 가라앉게 된다.

이와 같이 인간의 욕망은 복잡하게 얽혀 당신 행동의 동기를 제공한다. 그러나 왜 그러한 행동을 했는가를 자신이 설명할 수 없는 경우는 자기 자신조차도 숨겨진 욕망을 미처 깨닫지 못했기 때문이다.

내관법이란 무엇을 말하는 것입니까?

내관법이란 자신의 내부를 들여다봄으로써 인간의 욕망을 분석하는 것을 말한다.

여기에 맛있는 케이크가 놓여 있다. 그것을 보고 있던 여성이 그것을 덥석 집어 단숨에 먹어치웠다. 그러면 이 여성의 내면에는 어떤 욕망이 있었을까.

'내가 좋아하는 케이크를 보는 순간 맛있을 거라고 생각했다. 그러나 살찌면 안 되는데 하고 자제를 했다. 그러나 유혹을 이기지 못하고 그만 먹어버렸다.'

이런 심리의 흐름을 파악하는 것이 바로 내관법이라는 심리학적 이론이다. 인간의 욕망을 파악하는 데는 자신의 행동이나 경험을 자신이 직접 관찰하는 것이 가장 바람직하다는 것이다.

이것은 독일의 심리학자 W. 분트의 이론으로, 왜 자기가 그러한 행동을 했는지를 스스로 철저히 규명함으로써 지금까지 의식하지 못했던 자신의 욕망을 알아내는 방법이다.

한 마디로 이야기하면 자신의 행동에 대해 그 원인을 분석하는 것이다. 이러한 원인 분석을 통해 자신의 의식세계를 살펴보고, 나아가 자신의 욕망은 물론 다른 사람의 욕망도 파악할 수 있는 것이다. 욕망은 의식적으로 알 수도 있지만, 때로는 깊숙이 감추어져 있다.

예컨대 당신이 약국에서 비타민제를 샀다고 하자. '왜 비타민제를 샀는가' 하는 마음의 움직임을 관찰하면 자신도 깨닫지 못했던 욕망을 만족시키려고 한 행동이었다는 사실을 발견할 수 있다.

마음의 움직임을 관찰한다

마음의 움직임을 관찰하는 방법은, 구매 동기가 동료의 권고를 받았기 때문인지, 약국 앞을 지났기 때문인지, 텔레비전 광고를 보았기 때문인지를 스스로에게 물어보는 것이다.

'그렇다. 오늘 아침에 텔레비전 광고를 보고서 비타민제를 사야겠다는 생각이 들었다.'

'늘 보던 광고일텐데 왜 이제 와서 그 광고가 마음에 걸렸던 것일까. 요즘에 와서 자주 피로감을 느낀다. 그 피로감 때문에 텔레비전 광고가 눈에 들어온 것이 분명하다'.

'피로감은 언제부터 느꼈는가. 작년에 위 수술을 하기 위해 입원했을 때부터 몸이 급격히 쇠약해지는 것을 느낀 것 같다. 그때도 비타민제가 약국에 진열되어 있었을 텐데 왜 그때는 비타

민제를 사 먹지 않았는가. 도대체 왜 갑작스럽게 비타민제를 살 생각이 들었던 것일까.'

'나는 어릴 때부터 몸이 튼튼해서 별로 약을 먹어본 기억이 없다. 그리고 지금까지 비타민제가 치료약이라고 알고 있었기 때문에 사지 않았던 것은 아니었을까.'

이런 식으로 자기 행동의 동기를 규명해 가는 방법이다.

만약 당신이 홍보부에 근무한다면 이 분석 결과를 광고 기획에 활용할 수도 있을 것이다. 아니면 당신이 제약회사 사원이라고 하면 생산 기획, 판매 기획을 입안하는 데 힌트가 될 만한 내용들이다.

자기의 행동을 직접 분석하는 내관법을 실행하고 있는 사이에, 당신은 현재 진행되고 있는 기획에 도움이 되는 힌트를 얻게 될 것이다.

다만 내관법은 자기가 자신을 분석하는 방법이기 때문에 자기 자신의 개인적인 주관이 개입되기 쉽다는 점과, 한 사람의 분석 결과가 반드시 일반적이고 보편타당성을 지니는 것은 아니라는 결점을 지니고 있다.

이기는 기획의
심리분석법

문 41 다른 사람의 입장을 생각하는 입장에 서 있을 때 좋은 점은 무엇입니까?

 답 상대를 이해하게 되고 공감하게 되어 상대를 내 편으로 만들기가 용이하다.

 해설 미국의 남북 전쟁이 한창이던 어느 날 오후, 여러 차례 북군을 격파한 남군의 스튼월 잭슨 장군이 통나무 위에 걸터앉아서 무슨 책을 열심히 읽고 있었다. 전투가 시작되려는 전선에서 숨을 헐떡이며 달려온 두 젊은 장교가 이 모습을 발견하고는 아연실색했다.

"지금부터 전투가 시작되려고 하는데 장군은 한가롭게 독서에 열중하고 계시네."

"그런데 매번 저렇게 해서 북군을 격파한 거야."

다른 장교가 말을 받았다.

"그렇다면 장군이 읽고 있는 책이 무슨 내용인지 알 수 있다면 늘 승리하는 비법을 알겠네."

스튼월 잭슨 장군이 그렇게 열심히 읽고 있던 책은 무엇이었을까. 그는 『나폴레옹 전술집』을 손에서 내려놓지 않고 있었던 것이다.

남군의 장군 스튼월 잭슨은 현명하게도 프랑스의 위대한 전략가가 쓴 전쟁의 법칙을 끊임없이 연구하면서 '만약 나폴레옹이 지금 나의 입장에 놓여 있다면 어떠한 전략을 세웠을까?' 를 생각했던 것이다.

이처럼 상대방의 입장이 되어 '만약 내가 저 사람이라면' 하고 생각하는 동안에 자기의 욕망을 파악할 수 있는 것이 바로 역할법이다. 당신이 약국의 주인이라고 가정하고서, 이 손님은 왜 우리 가게에 비타민제를 사러 왔을까를 손님의 입장에서 여러 가지로 그 의미를 붙여보는 것이다.

고객의 신뢰감을 얻는다

'이 고객이 우리 약국에 온 것은 집에서 가깝기 때문인가, 약사 아가씨가 미인이기 때문인가, 할인해서 판매를 하고 있기 때문인가? 아니다, 그렇지 않다. 우리 약국으로 자주 약을 사러 와서 그 자신의 몸에 맞게 약을 골라 줄 것이라고 생각하기 때문이다. 이러한 신뢰감 때문에 우리 약국에서 약을 사는 것이 틀림없다.'

이리하여 고객이 약국에서 약을 사는 최대의 구매 동기는 약국에 대한 신뢰감이라는 사실을 발견할 것이다. 이 판단을 기초로 해서, 당신이 약국 주인이 되어 판매 기획을 생각해 보자.

'고객의 신뢰감을 더욱 높이기 위해 건강 상담일을 설정해 놓으면 어떨까? 아니면 고객 한 사람, 한 사람의 건강 기록 카드를 작성해 보면 어떨까?

'당장은 조금 손해일지 몰라도 약의 판매 마진보다 약의 효과에 따라 고객에게 약을 권장해 보면 효과가 있지 않을까?

이렇게 역할법에 의해서 판매 촉진 기획을 차례차례로 생각해 낼 수 있을 것이다.

건강 기록 카드를 작성하는 약국, 단골고객의 음식에 대한 기호를 집계한 메뉴로 호평을 받는 레스토랑 등과 같이 역할법에 의해 우수한 기획을 낳고, 그것이 엄청난 매출로 연결된 실례는 매우 많다.

'내가 이 상점의 주인이라면…', '내가 이 회사의 사원이라면…' 하고 항상 역할법을 실행해 본다면 아이디어뿐 아니라 많은 발명의 힌트도 얻을 수 있다.'

문 42 뎁드 인터뷰법이란 무엇입니까?

답 1대 1의 면접을 통해 상대방의 속마음과 동기를 파악하는 방법을 말한다.

해설 마케팅 신제품 아이디어를 기획할 때 널리 활용되는 기법으로, 심층심리학의 대가인 호주의 에르네스트 디히터 박사의 이론은 주목할 만하다.

디히터에 의하면, 사람들이 어떤 행동을 하는 데는 진정한 내면의 이유가 따로 있으며, 소비자들의 욕망을 깊이 추구해 가면 반드시 모든 사람에게 공통되는 보편타당한 법칙이 있다는 것이다.

이런 심리를 응용한 기법이 바로 뎁드 인터뷰법이다. 이 이론이 전 세계적으로 퍼진 데는, 독일의 어느 오토바이 제조회사가 의뢰한 조사에 대해 디히터가 이 뎁드 인터뷰법을 써서 획기적인 성공을 안겨준 덕분이었다.

여러 가지 시장조사를 분석한 결과를 토대로 하여 실행했던 판매 전략이 모조리 실패하자, 궁지에 몰린 오토바이 제조회사가 디히터에게 조사를 의뢰했다.

그는 소비자의 욕구를 조사하기 위해서 뎁드 인터뷰법을 사용했고, 그 결과 독일 사람들은 오토바이보다는 자동차에 무의식적인 동경심을 갖고 있다는 사실을 알아냈다.

'오토바이가 왜 팔리지 않는 것일까? 이 원인을 일일이 소비자와 1대1로 만나 조사한 결과, 그는 이런 해답을 얻었다.

그 회사에서 제작하는 오토바이는 매우 견고하여 오토바이를 일단 구입하면 웬만해서는 자동차를 구입할 수 없다는 불안감을 내심 갖고 있기 때문에, 사람들은 지나치게 튼튼한 오토바이를 선뜻 구매할 호감을 갖고 있지 않았던 것이다.

자연스러운 대화속에 상대방의 동기를 파악한다

이 결과를 토대로 디히터는 오토바이 제조회사에 지금까지 실시하고 있던 '견고한 오토바이' 이미지 광고를 대번에 중지시켰다.

그 대신에 오토바이를 자동차와 같은 이미지에 최대한 접근시키는 광고 기획을 짜도록 조언했다.

그렇다면 어떻게 자동차의 이미지를 느낄 수 있는 오토바이 광고를 효과적으로 만들 수 있었을까.

이 역시 디히터의 조언에 따라, 오토바이에는 필요치 않지만 자동차의 분위기가 나는 커다란 번호판과 클랙슨을 오토바이에 장착하여 광고를 제작하였다.

그랬더니 매출은 예상대로 폭발적으로 올랐다.

이와 같이 뎁드 인터뷰법은 상대방과 1대1로 자연스러운 대화 속에서 구매 동기를 찾아내려고 하는 방법을 말한다. 왜 1대1의 대화가 필요한가 하면, 아무래도 여러 사람이 함께 이야기하게 되면 다른 사람에게 신경이 쓰여 솔직한 자기 의사를 표현하기 힘들어지기 때문이다.

상대방과 마음의 끈이 연결되지 않으면 진실을 말하지 않으므로 자연스러운 대화를 나눌 수 있는 분위기를 만드는 것이 이 방법을 실시하는 데 있어서 무엇보다도 중요하다. 무엇이든지 이야기할 수 있는 이상적인 관계에서 상대방의 진실한 욕구를 탐색할 수 있는 것이다.

디히터는 상대방이 무심코 하는 말을 놓치지 않고 그 속에 감추어진 인간 욕망의 의미를 추구해 나갔다. 따라서 뎁드 인터뷰법을 실시할 때는 인터뷰 기법이 얼마나 익숙한가, 아니면 서툰가에 따라 그 결과에 커다란 차이가 생기게 된다.

뎁드 인터뷰법에서는 무엇보다도 단도직입적으로 문제의 핵심에 뛰어들어 가서는 안 된다는 철칙을 지켜야 한다. 무엇보다도 참을성 있게, 될 수 있는 한 간접적인 방법을 사용하여 멀리서부터 문제의 핵심으로 천천히 질문해 들어가야 하는 것이 요령이다.

뎁드 인터뷰법은 언제 사용할 때 효과
적입니까?

답

사람의 욕망을 파악할 때 가장 효과적으로 쓰인다.

해설

뎁드 인터뷰법은 다른 사람의 욕망을 분석하기 위한 기술로 쓰인다. 기업에서는 이 이론을 면접에 활용하고 있는데, 면접을 통해서 구매자의 욕구 체계나 가치관, 생활 실태 등 업무 능력을 결정지어 주는 배경적 요인을 찾아내려고 하는 것이다.

그런데 뎁드 인터뷰법을 실행할 때는 반드시 참고하여야 할 사항이 있다.

즉, 자기 자신의 욕망을 분석할 때, 분석대상이 되는 자신의 심리구조에 많은 사람들의 심리구조를 적용시킴으로써, 될 수 있는 한 복잡하게 만드는 것이 바람직하다. 적용 대상이 많으면 많을수록 자기의 분석 결과가 좀 더 높은 보편타당성을 가질 수 있을 것이다.

뎁드 인터뷰법은 일상의 대화 속에서 자기 자신을 얼마든지 복잡하게 만들 수 있다. 연령층이 다른 사람과 대화를 나누어 보고, 다른 사회 계층의 이야기에도 귀를 기울인다.

그 사람들은 무엇을 원하고 있는가, 자기와 다른 점은 무엇인가, 그래서 전체적으로 요약할 수 있는 보편타당성이 있는 목소리는 어떠한 것인가를 알아봄으로써 자기 자신을 전체를 표상하는 개체로 만들어 낼 수가 있는 것이다.

뎁드 인터뷰법은 사람과 사람 간의 대화에 기본을 둔 기법이므로, 보다 기술적인 대화 기술이 필요하다.

미국의 임상심리학자인 C. 로저스는 심층 면접 기술의 기본으로 비지시적 대화의 원리를 제창했는데, 거기에서 그는 대화를 할 때에 구체적으로 주의해야 할 다음 세 가지 점을 강조하고 있다.

대회할 때 유의할 점 3가지

첫째, 수용과 시인.

상대방이 어떠한 발언을 하더라도 항상 전부를 받아들이고, 전부 시인하는 아량을 보여야 한다. 상대방의 발언에 주의를 기울이고 강한 관심을 나타내는 동시에, 중요한 대목에서는 고개를 끄덕이거나 맞장구를 쳐주는 태도가 필요하다.

둘째, 명료화와 요약.

상대방이 자기 생각을 표현하는 데 곤란을 느끼거나 적절한 단어를 찾아내지 못해 고심하고 있을 때는 상대방의 이야기를 정리해 주거나 간결한 표현으로 고쳐주면 좋다. 다만 자칫하면 상대방의 의식을 앞질러서 상대방을 내가 원하는 방향으로 유도하는 결과를 낳을 수 있으므로, 이러한 점은 특별히 경계해야 한다.

셋째, 일반적 리드.

어느 정도 이야기의 방향을 결정하여 상대방이 일반적인 궤도에서 벗어나지 않도록 이끌어가야 한다. 이러한 경우에도 내 쪽의 발상에 따라 억지로 화제를 끌고 가는 것은 절대로 삼가야 할 행위다.

이와 같이 일상생활의 대화 속에서 기법을 구사하면, 당신 스스로가 참된 정보의 소스를 캘 수 있고, 기획의 정확성을 꾀할 수 있다.

특히 상대방의 심리 구조를 정확히 파악할 수 있는 기술은 기획력을 키우는 데뿐 아니라, 비즈니스맨이라면 반드시 익혀두어야 할 중요한 기술 중의 하나이다.

문 44 미래를 전망하기 위해서 무엇을 해야
합니까?

 답 고정관념을 갖지 않고 현실을 올바르게 바라볼 줄 아는 안목이 필요하다.

 해설 어떤 기획이 입안되어, 그것이 실현되기까지는 일정한 시간
이 필요하다. 기획의 내용에 따라 1개월, 또는 1년이 걸릴 경
우도 있고, 때로는 3년이나 5년이라는 긴 세월이 요구되는 경
우도 있다. 따라서 기획은 시간의 경과를 견디어 내고, 기획
과 실행 사이의 시차를 보상할 수 있는 것이어야 한다.

입안 당시에는 뛰어난 기획이라고 생각되더라도, 사람들의
욕구를 충족시키는 것이 아니면 실행하는 단계에서 그 기획은
중도에 좌절되거나 실패할 수밖에 없다. 반대로 입안 당시에는
어떠한 비판을 받았더라도, 실행의 결과 소기의 목적을 달성할
수 있다면 그 기획은 성공한 것이다. 즉, 기획은 항상 미래를 내
다보는 것이어야 한다. 기획에 있어서 미래는 바로 현재인 것이
다.

미국의 어느 면도기 제조회사는 막대한 광고비를 들여 어린

이 전용 야구장에 커다란 광고판을 내걸었다. "어린이들에게 면도기 광고라니?!" 하고 의아해 할 사람이 많을 것이다. 하지만 기업은 앞서가야 한다. 당연히 어린이들에게는 수염이 있을 리 없으므로 면도기는 필요하지 않지만, 그들은 자라서 언젠가 성인이 될 것이므로, 그때를 기다리며 아이들의 마음속에 강렬할 이미지를 심어 놓자는 것이 이 광고의 취지였다.

아마도 누군가 이런 기획을 제안했을 때, 주변에서는 반대 의견이 분분했을 것이다. 그러나 기업의 미래를 내다보는 정신이야말로

우리는 인류 역사상 그 유례를 찾아볼 수 없을 만큼 격변하는 시대에 살고 있다. 오늘날 1년의 변화가 과거 10년의 변화에 버금간다는 말은 결코 과장이 아니다. 이와 같이 모든 것이 급변하는 시대에 어떻게 미래를 예측할 수 있다는 말인가 하고 의문을 제시할 사람들도 있을 것이다. 경험이나 직감, 더욱이 점술 같은 것은 믿을 수가 없다. 예측의 불확실성이 높고 위험이 너무 크기 때문이다.

그래서 많은 기업에서는 '미래 사업부' 를 설치하는 등 경쟁사보다 먼저 미래를 내다보려고 필사적으로 노력한다.

이른바 '미래학' 이 유행하는 것도 이 때문이다. 그러나 미래학이란 1~2년 후에 어떻게 된다는 것이 아니고, 지금으로부터 최소 10~20년 후의 대변혁까지도 제시할 수 있어야 한다.

미래를 예측하는 수단이 된 순환

　현대 경제학에서도 경기 순환은 미래를 예측하는 도구로 사용되고 있다. 경기 순환은 일정한 사이클을 그리며 순환되고 반복된다.

　기획에서도 미래를 예측하여야 하는 것은 마찬가지이다. 기획의 입안에서 필요한 것은 10년 후에 어떻게 된다는 결과의 예측이 기획이 다시 사람의 욕망을 변화시켜 간다고 하는 사이클 속에 살고 있기 때문이다. 그 결과 10년 후, 20년 후의 미래가 탄생되는 것이다. 이런 시대의 변화를 통찰하는 눈은 다름 아닌 시대감각이다. 따라서 이 시대감각이 어떠한가에 따라 기업의 흥망성쇠가 결정되는 것이다.

기획에 논리성이 필요한 이유는 무엇입니까?

 논리성은 기획의 토대같은 역할을 하기 때문이다.

기획의 3대 요소는 창조성·현실성·논리성이다. 창조성과 현실성이라는 두 가지 요소에 대해서는 앞에서 설명하였으므로, 지금부터는 기획 입안에 필요한 또 하나의 요소인 논리성에 대하여 생각해 보도록 하자. 기획에 있어서 논리성은 창조성이나 현실성과는 두 가지 점에서 다르다는 것에 주의할 필요가 있다.

첫째, 창조성과 현실성이 기획을 구성하는 기본 요소로서 각기 독립된 성격의 것으로 존재하는 데 비하여, 논리성은 오히려 창조성과 현실성에 공통되는, 말하자면 기획의 토대와 같은 기능을 하고 있다는 점이다.

둘째, 그 결과 논리성이 기획을 검토하는 역할을 한다는 점이다. 즉, 기획에 있어서의 창조성이나 현실성은 모두 논리적 사고라는 기둥이 받쳐줄 때 비로소 성립될 수 있는 것이다.

이러한 논리적 사고법은 앞에서 설명한 연상법으로 찾는 기술, 욕망 분석을 위한 내관법의 기본이 된다. 그러나 기획에 필요한 논리에는 그 특유의 패턴이나 프레임이 있어서 그에 따라 여러 가지 사고나 정보 등을 하나로 종합해 가는 것이 중요하다. 이것이 기획을 익히는 데 중요한 훈련이 된다.

또 기획에 있어서 사고나 정보를 하나로 종합해 나가는 것은 시스템화를 말하는데, 그 첫 단계인 요인 분석법을 생각해 보자.

이 방법은 기획뿐 아니라 어떠한 문제를 해결하려고 할 때도 활용될 수 있는 것으로, 누구든지 그 문제와 관련이 있는 요인을 열거하는 것부터 시작하는 것이다.

그때 되는 대로 아무렇게나 열거하는 경우와 어떤 프레임(틀)을 따라 질서 있게 열거하는 경우는 당연히 그 사고의 효율이 달라질 수밖에 없다. 프레임에 따라 열거하는 편이 훨씬 능률적이고 체계적이며 안전하다.

경험과 육감에만 의지한다

당신이 지금 당면하고 있는 어떤 문제와 관련이 있는 요인을 열거해 보면, 의외로 내용이 빈약하다는 것을 깨닫게 될 것이다.

그것은 당신 나름대로의 경험과 육감에만 의지하고, 논리적으로 조립된 프레임을 따라 요인을 열거하지 못했기 때문이다. 논리성에 입각한 사고법의 훈련이 전혀 이루어지지 않은 것이다.

물론 기획이나 문제의 성질에 따라 생각할 수 있는 프레임은 다양하며, 어느 경우든 적용되는 일정한 프레임이 설정되어 있는 것은 아니다. 여러 가지의 실제 기획 활동 과정에서 독자적인 골격을 짜고, 수정하고, 다듬는 과정에서 프레임이 짜이게 된다.

그러나 중요한 것은 처음부터 논리적인 구성을 했는가 하는 점이다. 그 당연한 귀결로 새로이 탄생되는 기획의 우열에 큰 차이가 생기는 것이다. 특히 광고 카피는 정확하고 명쾌한 표현으로 대중의 심리를 포착하는 기발한 문구여야 하는데, 어느 가전 제품 제조회사의 '순간의 선택이 10년을 좌우합니다!' 와 같은 문구가 대표적인 예라 할 수 있다.

기획의 논리성은 많은 사람들이 이해하고 설득시킬 수 있는 요인을 말하며, 이것은 사전 조사와도 관련이 있다.

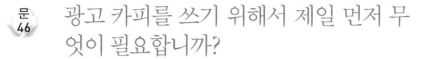

문 46 광고 카피를 쓰기 위해서 제일 먼저 무엇이 필요합니까?

답 시장분석이다. 소비자의 구매심리를 알아야 한다.

해설 오늘도 우리는 변함없이 광고의 홍수 속에서 살아가고 있다. 방송에서는 하나의 프로그램을 하는 데 수십 개의 광고를 삽입한다.

'3초의 미학' 이라 일컬어지는 광고는 그 짧은 시간 동안에 충분한 마케팅 효과를 발휘해야 하기 때문에 저마다 기발하고 독특한 아이디어를 고심하고 있다.

한 마디로 고객의 마음을 사로잡지 못하는 광고는 실패한 광고다. 광고의 꽃은 역시 카피로서 대중들의 입에서 입으로 전해지는 한 줄의 광고 카피는 곧 그 광고의 성공을 의미한다.

그래서 엄청난 비용이 들어가는 광고를 하려는 기업들은 어떤 광고를 기획하여 기업 내지 제품 이미지를 가장 극대화시킬 수 있는가에 초미의 관심을 기울이고 있다.

어느 카메라 제조회사가 새롭게 선보일 신형 카메라의 광고 기획을 의뢰했다. 당신이라면 이 카메라를 팔기 위한 광고 문구를 어떻게 작성할 것인가 생각해 보자.

가장 첫 번째로 해야 할 일은 시장 분석이다. 소비자의 구매심리를 분석하는 한편, 경쟁사를 분석해야 한다.

2단계는 전략의 가설을 수립해야 한다. 광고 목표를 설정하고, 구매자 층을 설정하며, 전체적인 광고 콘셉트를 어떻게 잡을 것인가도 이 단계에서 결정한다.

3단계는 커뮤니케이션의 전략을 수립해야 한다.

카메라 광고를 기획할 때 당신은 이와 같은 단계에 입각하여 먼저 '요인 분석'을 위해 대체적인 프레임을 머릿속에 그려 넣은 후, 카메라의 일반적인 구매동기에 관한 요인을 열거하는 일부터 시작할 것이다.

구매동기를 파악한다

구매동기로는 '사람들은 왜 유명 회사의 카메라를 선호하는 것일까', '카메라의 구매를 결정하는 동기는 구체적으로 무엇일까' 등을 고려할 것이다.

그전에 먼저 해야 할 일은 카메라 자체의 상품 특성을 찾아내는 일이다. 어떠한 상품이든 먼저 상품의 특성을 파악하는 것이 원칙이기 때문이다. 이때 몸체의 디자인, 크기, 무게, 색깔, 렌즈, 셔터 기구, 필름 조작, 렌즈 교환, 부속품, 외관 등등과 같은 특성 중에서 그 상품의 우수성은 무엇인지 일일이 확인한다.

그 다음은 소비 충동 대상자의 결정이다. 여기서는 출시할 카메라의 디자인 등으로 보아 일단 젊은이 취향의 청춘 남녀용이라고 설정하자.

이 작업이 끝나면, 이번에는 소비 충동 대상자의 카메라 구매 동기와 관계가 있을 듯한 요인을 빠짐없이 적는다. 이를테면 될 수 있는 한 렌즈가 밝아야 하고, 튼튼하고, 휴대하기 편리하고, 외관이 예쁘고, 조작이 간편하고, 접사나 망원 등의 부속품이 붙어 있고, 다목적으로 사용할 수 있고, 가격은 15~20만 원 정도가 좋다는 등이 있을 것이다.

이러한 구매동기나 욕구의 구조를 명확히 하기 위한 요인은 빠짐없이 들어야 하며, 내용은 상세할수록 좋다.

여기까지 준비과정이 끝나면, 그 상품이 갖는 특성과 소비 충동 대상자의 구매동기 요인을 1대1로 대응시키면서 적합한 세일즈 포인트 리스트를 작성한다.

이때 기준으로는 여러 가지를 생각할 수 있겠지만, 특히 타사 제품의 세일즈 포인트의 검토와 선정된 세일즈 포인트의 장점 등에 초점을 맞춘다.

다음은, 드디어 결정된 세일즈 포인트를 어필 포인트로 전환하는 절차이다.

구매자에 대하여는 구매동기의 직접적 요인을 리스트에 올려놓는 데서 다시 한 걸음 나아가 그들의 생활 실태, 의식 실태 등 광범위한 배경 요인을 확인해야 한다.

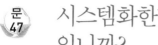

 문 47 시스템화한다는 것은 무엇을 말하는 것 입니까?

 답 시스템화란 문제가 주어졌을 때 그 문제와 관련된 여러 요소와 요인의 복합체를 시스템적으로 파악한 다음 과학적 해결책을 수립하는 방법 이다.

해설 하나의 기획을 입안하려고 할 때에는 순서에 따라 생각할 수 있는 모든 요인을 열거하는 일에서부터 시작해야 한다.

그런 다음에 이것들이 어떤 비중을 가지고 어떻게 서로 연계 되는가를 논리적이고 조직적으로 검토하는 것이 중요한 과정의 하나다. 이와 같은 요인의 논리적 체계화가 바로 '시스템화' 이 다.

기술 혁신 및 이에 병행하는 정보화 시대의 진행과 함께 기업 활동에 필요한 정보나 이를 좌우하는 요인의 수는 비약적으로 늘어나고 있다. 더욱이 현대는 격동의 시대다.

이와 같이 하루가 다르게 변천하는 시대에 수많은 불확실성 을 갖는 미래에 도전하기 위해서는 신중하게 모든 조건을 고려 하고, 유연한 대응책을 세워 나가지 않으면 도저히 살아남을 수가 없다.

시스템화라든가 시스템 어프로치라는 말이 등장한 것도 이러한 상황의 반영이다.

시스템 어프로치의 사고방식은, 하나의 문제가 주어졌을 때 그 문제를 서로 관련이 있는 수많은 요소와 요인의 복합체, 즉 시스템으로 포착하여 시스템 구조를 명확히 하고, 불확실한 요소를 계산에 넣은 다음, 그에 대한 과학적 해결책을 수립하고자 하는 방법이다.

이를 위해서는 먼저 문제를 명확히 하고, 충분한 정보의 수집과 가공을 통하여 각종 요인 사이의 관계를 파악한 후, 가설을 설정해야 한다. 그리고 이 가설에 의거한 모델의 조작, 대체안의 비교 검토, 그 해석 및 평가를 거쳐 하나의 결론에 도달한다.

만족할 만한 의사 결정을 내릴 수 있을 때까지 이러한 과정을 반복해 가는 것이다.

무수한 인자가 복합된 동기

어떠한 상품의 구매동기 요인을 한 가지만 보더라도 거기에는 무수한 인자가 복잡하게 얽혀 있다. 이렇게 복잡하게 얽힌 요인 사이의 결합과 구조를 간과하거나 파악하지 못하면 탁월한 신제품 개발은 물론 각종 기획의 입안도 불가능하다.

우리나라 사람은 무슨 일을 계획하거나 생각할 때 즉흥적으로 대응할 뿐, 시스템적 사고방식에는 아주 서툰 편이다. 대체로 일처리를 주먹구구식으로 하기 때문에 과학성이 결여된 것은 물론 논리적이지도 못하다.

이러한 비과학적 방식은 터무니없는 실패를 낳고 엉뚱한 결과를 초래하기 쉽다. 따라서 입안에서 실행까지 세심하고 철저하게 시스템화하는 사고방식에서 우수한 기획이 나올 수 있는 것이다.

운동선수들은 연봉의 상당부분을 체력 보강을 위해 보약이나 건강식품에 투자한다고 한다. 그런데 두뇌가 재산인 기획자들은 자신의 기획력 보강을 위해 어떤 노력을 하는가 자문해 보라.

평소 다양한 정보를 얻기 위해 어떤 방법을 쓰고 있는지, 기획력을 향상시키기 위해 구체적으로 어떤 노력을 하고 있는지 스스로 점검해 보아야 한다. 아무리 탁월한 영감을 통한 상상력이 있다 하여도, 이를 제대로 기획하는 과정이 없다면 상상한 것들은 모두 무용지물이 되고 말 것이다. 그러므로 기획력을 기르면 그 과정에서 상상력과 행동력은 자연적으로 따르게 된다.

문
48
기획을 결정하는 가장 좋은 방법은?

답
체크리스트에 의한 체크하는 것이다.

해설
기획을 검토하는 과정이 되면 기획의 현실성은 더욱 강화되고, 더욱 논리적으로 뒷받침된 기획이 완성될 수 있다.

이때 기획을 논리적으로 점검하는 가장 일반적인 방법은 체크리스트를 이용하는 것이다. 이 체크리스트에도 물론 일정하게 짜인 틀이란 있을 리 없다. 기획이라고 해도 그 내용이 매우 다양할 뿐만 아니라, 체크해야 할 포인트 또한 천차만별이기 때문이다.

체크리스트에 의한 기획의 점검은 다음 두 단계로 나눌 수 있다.

제1단계, 기획이 입안되기까지의 각 과정에 오류나 누락이 없는가를 체크하여 그 기획의 논리적 완벽을 확인하는 단계.

제2단계, 기획의 최종 단계, 즉 입안이나 대안의 작성 및 그 선택에서 모든 조건을 구비한 체크리스트에 맞추어 보아 그 기획의 객관적인 완벽도를 점검하는 단계.

문제의 명확화에서 정보의 수집, 분석에 이르는 기획 작성까지의 과정을 제1단계로 하고, 여기까지 오류나 누락이 없었다면 다음의 기획 입안과 기획의 선택에 이르는 단계를 체크한다.

제1단계와 제2단계를 통과해야 비로소 기획으로서 결정되는 것이다. 만약 제1단계와 제2단계에서 문제점이 발견되면 즉시 '문제의 명확화'로 되돌아가서 다시 출발해야 한다.

다음에 제시하는 것은 텔레비전 프로그램의 기획이나 신제품의 광고 기획을 의뢰받았을 때 애용되는 체크리스트다.

체크리스트의 체크 포인트 10가지

첫째, 기획 성립까지의 체크 포인트.

① 이 기획에는 충분한 정보가 채택되어 있는가. 그리고 그것을 충분히 활용하고 있는가.

② 도저히 남이 따라올 수 없을 만한 독창성이 있는가.

③ 현실성의 검토는 충분한가. 선견성은 어느 정도인가.

④ 낙관적인 생각이나 비관적인 생각이 자리 잡고 있는 것은 아닌가.

⑤ 성공했을 경우와 실패했을 경우의 대응 방법을 생각하고 있는가.

둘째, 기획을 평가하는 체크 포인트.

① 대안에 대한 검토는 끝냈는가.

② 좀 더 비용을 절약할 수는 없는가. 더욱더 화려하게 할 수는 없는가.

③ 규모가 너무 크거나 작은 것은 아닌가.

④ 이 기획은 5년 후나 10년 후에도 통용이 될 수 있겠는가.

⑤ 도시와 농촌을 비롯하여 전국에서 통용될 수 있겠는가.

⑥ 남성 또는 여성에게 어떨까. 어린이나 젊은이, 그리고 장년층과 노인들에게 어떠한 영향을 줄 수 있을까.

⑦ 일반인들에게 반감을 사게 할 가능성은 없는가.

이 리스트는 어디까지나 하나의 예에 지나지 않는다. 따라서 자신의 기획 내용에 맞추어 자기에게 적합한 체크리스트를 만들어야 한다.

이렇게 일일이 체크를 하는 동안, 새로운 아이디어가 떠오르는 경우도 적지 않다.

문 49 시뮬레이션이란 무엇을 말합니까?

 답 모의실험을 통해 체크하는 방법이다.

 해설 기획이 성공하거나 성공하지 못하는 것을 완벽하게 체크하는 최상의 방법은 실제로 기획을 실험해 보는 것이지만, 사실 실행에 의한 점검은 불가능하다.

그래서 기획에 누락된 사항을 체크해 보자는 취지에서 모의실험(시뮬레이션)이 행해진다.

시장 조사에서 무작위로 몇 사람을 선정해서 그 효과를 측정해 보는 것도 시뮬레이션에 의한 기획 체크의 한 가지 방법이라고 할 수가 있다.

앞에서 살펴본 체크리스트에 의한 점검을 좀 더 완전하게 하기 위하여 모의실험에 의해 기획이나 계획을 체크하는 것이 시뮬레이션이다.

시뮬레이션 기법은 제1차와 제2차 세계대전을 겪으면서 전투에서의 전략 결정에 대한 체크로 많이 이용되어 왔다.

이 시뮬레이션과 같은 사고방식은 상당히 오래 전부터 있었다. 그 대표적인 예가 바로 장기로, 실제 전쟁과 똑같은 원리로 만들어 전투 전략의 모의실험이 될 수 있었다.

이것은 실제 역사적인 사실을 근거로 한다. 즉 미얀마의 고대국 타이링의 왕비가 왕을 지극히 사랑한 나머지 전쟁만을 일삼고 늘 싸움터에만 나다니는 왕을 궁중에 머물게 하기 위해 궁리 끝에 전쟁과 똑같은 모형을 만들어 왕과 함께 즐긴 데서 유래하는데, 이것이 전쟁의 시뮬레이션인 장기가 된 것이다.

많이 활용되고 있는 방법, 시뮬레이션

시뮬레이션은 우리 주변에서도 많이 활용되고 있다. 오늘날은 자동차 운전자의 훈련용 운전석의 모형, 비행기 조종사 훈련용의 콕피트(cock-pit) 모형, 우주비행사 훈련용 캡슐 모형 등의 시뮬레이터가 많이 개발되어 안전 운행을 위해 중요한 역할을 하고 있다.

우주여행을 앞둔 우주 비행사들이 목적하는 우주 공간이나 달의 표면 같은 상태 환경에서 훈련을 받는 것도 시뮬레이션의 실행이다.

경제적으로 시뮬레이션의 수법은 계량경제학을 이용한 경제 예측을 위해서 실행된다. 그것은 오로지 컴퓨터프로그래밍에 의한 것이고, 분석 또는 예측의 대상이 되는 경제체계를 구성하는 각종 요인 간의 주요한 상호연관을 경제이론을 기초로 하여 확률적인 수학모델로 구성하는 일이다.

경영면에 있어서는 공정관리, 재고관리, 생산계획, 판매전략 등 여러 문제에 대해 시뮬레이션이 이용된다. 이들 계획이나 작업을 실행에 옮기기 전에 그 결과의 대강을 파악하기 위하여 시뮬레이션이 행해지는 것이다.

어떠한 기획이 목표로 하고 있는 성과가 크면 클수록 그 실행에 수반되는 위험 부담도 역시 클 수밖에 없다. 시뮬레이션은 이 위험한 부담을 줄이거나 피하면서, 그 성과만을 미리 확인할 수 있는 최상의 방법이다.

아무리 정교한 모의실험이라고 하더라도 100퍼센트 실제와 똑같은 조건을 만든다는 것은 불가능한 일이다. 따라서 완벽한 예측이란 현실적으로 있을 수 없는 일이다.

또한 이러한 시뮬레이션 기법은 복잡하고 전문적 지식을 요구하는 것이므로, 개인 수준의 기획 활동에 그대로 응용할 수는 없는 일이다.

그러나 원리는 마찬가지이므로, 이러한 과정을 염두에 두고 현실의 기획을 꼼꼼하게 체크하는 자세는 기획자라면 누구에게나 요구되는 요소이다.

문 50 기업에서 기획이 가장 필요한 이유는 무엇입니까?

답 기업에서 기획이 필요한 가장 큰 이유는 제조 방법, 판매방법 등과 같이 제품에 대한 좀더 효과적인 방법이 끊임없이 필요하기 때문이다.

 해설 기획이란 어떤 대상에 관한 것일 수도 있고, 기획 과제, 기획 명제 또는 주제 문제일 수도 있다.

이를테면 A지역에서 B제품에 대한 판매 촉진 기획이라고 하면 기획의 대상, 즉 과제는 'A지역에서 B제품의 판매 촉진' 이 된다. 이렇게 기획은 먼저 그 대상, 즉 주제가 확실해야 입안하기가 쉽다.

단순한 판매 촉진 기획보다 'A지역에서 B제품에 대한 판매 촉진' 이라고 하면, 대상이 확실해서 기획을 입안하기가 쉽다. 따라서 뛰어난 기획자는 기획 행동의 순서에 따라 먼저 기획 대상을 찾고, 이에 도전해야 한다.

산업사회가 발달함에 따라 오늘날의 기업은 매우 다양한 기획을 필요로 한다. 기획의 다양성에 발맞추지 못하면 기업은 사장되고 만다. 그만큼 기획의 중요성이 날로 커지고 있는 것이다.

기획을 필요로 하는 대상이나 과제는 끊임없이 생겨난다. 제품에서도 그 제조방법, 판매방법에 대한 효과적인 기획이 필요하고, 사원의 능력 계발이나 거래처 관리 방법에서도 좀 더 좋은 방법, 좀 더 효과적인 방법을 찾는다. 따라서 기업은 이러한 사안에 관한 새로운 기획, 새로운 행동이 늘 필요한 것이다.

'현재 상태로는 만족할 수 없다' 또는 '낙후된 현상을 적극적으로 개선할 수는 없는가', '소비자의 욕구에 맞추기 위해서는 어떻게 해야 하는가' 하는 과제는 기업 활동의 모든 분야에 존재하기 때문에, 이러한 과제는 모두 기획 대상이 된다.

무사안일한 태도는 자멸한다

기업은 자동으로 운영되고 진행되는 것이 아니다. 현재에 머무르는 무사안일한 태도로는 거센 경쟁 기업의 파도에 휩쓸려 사라지고 만다. 경영자는 경영자로서, 부장이나 과장은 관리자로서 각자의 직무에 몰두하면 할수록 문제의식을 가지고 자기 업무를 파악하게 되며, 이로써 그들은 수많은 기획 대상을 찾아내고, 모든 사원에게 개선 방법을 찾도록 요구하는 것이다.

물론 기업에 따라서는 총체적 매너리즘에 빠져 문제의식을 갖지 않는 곳도 있다. 오늘날처럼 환경 조건의 변화가 심한 상황에서 문제가 없다는 기업은 실제로는 큰 문제를 안고 있는 것이다. 어떻게 기업에 문제가 없을 수 있겠는가. 오늘날과 같은 극심한 경쟁시대에는 생존 그 자체가 심각한 문제인데 말이다.

특히 관리자는 자신의 관리나 직무 범위에 관하여 많은 과제를 찾아내고, 그 개선이나 혁신 방법을 생각해야 할 것이다. 일반 사원들도 자신이 속한 부서나, 나아가 회사 전체에 대한 기획 대상을 찾아내 회사에 제안하거나 과제로 삼아야 한다.

이와 같이 기업 내의 누구나가 각자의 입장, 생각하는 방식에 따라 기획을 필요로 하는 과제를 찾아낼 수 있다. 이를 위해서는 경영자에서부터 일반 사원에 이르기까지 누구나 문제의식을 가지고, 기획 대상을 찾아내는 힘을 키워야 한다. 과제가 없으면 좋은 아이디어가 나올 수 없기 때문이다.

기획 대상은 찾으면 찾을수록 다양하고, 얼마나 문제의식을 갖고 기획에 임하느냐에 따라 매우 다양하게 나타날 수 있다.

이기는 기회의
테마

문 51 훌륭한 기획자는 어떤 사람입니까?

답 훌륭한 기획자는 상사의 지시나 명령에 따른 기획에서 탈피해 기획 과제를 스스로 발견하고 수행하는 사람이다.

해설 기획 대상은 기업의 어느 부문에나 존재하지만, 그 모든 과제에 대해 차례대로 기획을 세워 실천해 갈 수는 없다. 현실적으로 그보다 더 중요한 과제가 있는 경우가 있고, 예산이나 기획자의 능력 등 제약에 따라 추진할 수 없는 경우도 있다. 그러한 대상들 속에서 기획자는 바로 해결해야 할 기획 대상을 골라 기획 작업에 들어가는데, 이를 크게 나누면 두 가지 경우가 있다.

그 하나는, 기획자가 상사로부터 명령을 받거나 다른 부문으로부터 위탁받은 주제에 관해 기획을 세우는 경우이다.

두 번째는, 스스로 기획 대상을 찾아내고 이를 주제로 해서 기획을 생각하는 경우이다.

기획자에게 필요한 것은 스스로 기획 대상을 찾아낼 수 있는 능력이다. 스스로 기획 대상을 찾아낸다는 것은 자발적 의지를 갖는다는 말이고, 이렇게 자발적인 의지를 가져야만 개인과 기업은 성장할 수 있다. 따라서 상사나 다른 부문에서 의뢰하거나 힌트를 얻어온 주제에 관해서만 기획을 세우고 있다면 기획의 하도급 업자가 되어버리고 만다.

스스로 기획 주제를 찾아내고, 기획의 필요성을 제안하여 승인받은 주제에 관한 기획을 입안해서 제시하는 것이 기획자 본래의 모습이다. 어떤 주제가 주어진 경우에 '그것보다 이러한 주제가 중요하지 않겠습니까' 혹은 '그것보다 이렇게 주제를 바꾸는 편이 좋다고 생각합니다' 라는 식으로, 자신의 기획 주제를 적극적으로 제안할 수 있는 안목을 지니는 것이 바람직하다.

강열한 문제의식을 가져라

예를 들어 영업부장으로부터 소매점에 대한 판매 리베이트 제도의 강화를 기획해 달라는 의뢰를 받았다면 그의 의견을 그대로 받아들일 것이 아니라, '현재로서는 그것보다도 대형 소매점에 대한 상품의 판매 강화책을 기획하는 것이 좀더 중요하지 않겠습니까' 하고 제안할 수 있을 정도의 실력을 갖추어야 한다.

그러한 의미에서 기획자는 항상 강렬한 문제의식을 가지고, 기획 대상을 적절하게 포착할 수 있는 개발 능력을 강화해 놓아야 한다. '문제의식' 이란 어떤 현상에 대한 비판이며, 개선과 개량을 향한 의욕이다. 즉, 조금이라도 발전하려고 하는 의지인 셈이다.

'이대로 좋은가' 또는 '좀더 앞으로 나아갈 방법은 없는가' 하고 항상 현상을 전진적이고 혁신적으로 생각하는 사고방식과 안목을 길러야 하는 것이다.

'C상품의 판매는 이대로 좋은가' 또는 '좀더 판매고를 높일 수 있는 방법이 있을 것이다' 라고 적극적으로 생각한다면 채널의 문제, 광고의 문제, 가격의 문제, 영업자 관리의 문제 등 얼마든지 기획 대상이 되는 주제를 찾아낼 수 있다.

위로부터 명령받은 기획만을 입안하는 '하도급 기획' 에서 탈피하는 것이 무엇보다도 중요한 기획자의 자세이다.

기획이란 본래 현실에 안주하는 것이 아니라, 새로운 도전을 즐기는 사람에게만 가능한 일이기 때문이다. 그러므로 끊임없이 의문을 가지고, 문제의식을 가져야 한다.

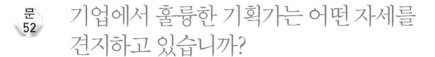

기업에서 훌륭한 기획가는 어떤 자세를 견지하고 있습니까?

답 비지니스맨에겐 기획력이 필수이다. 그러기 위해선 연구와 행동에 문제의식을 가지고 사소한 것에서 기획 힌트를 찾아내야 한다.

해설 문제의식을 갖고 기획 힌트를 찾아내는 것이 그대로 기획의 주제가 되는 경우도 있고, 경우에 따라서는 기획의 정보를 제공하기도 한다. 이를테면 대리점을 방문했을 경우, 다음과 같은 현장 정보를 얻을 수 있을 것이다.

첫째, 우리 회사에 대한 대리점의 협력, 관심도가 약하다.

둘째, 다른 제조회사로부터 강한 유혹을 받고 있다.

셋째, 대리점은 우리 회사의 상품 구성에 상당한 불만을 갖고 있다.

넷째, 대리점에 대한 우리 회사의 관리 체계에 무엇인가 문제가 있는 것 같다.

이들 내용들은 모두 기획 대상을 탐색하는 힌트가 된다.

이렇게 문제의식이란 책상 앞에 앉아서 머릿속으로 음, 무엇인가 그럴듯한 문제가 없을까 하고 생각하는 것만으로는 좀처럼 만족스럽게 움직여 주지 않을뿐더러, 문제의식을 현실화하는 것도 어려운 일이다.

현장이나 판매점, 공장, 운송업자, 하도급업체 등을 직접 방문해서 눈으로 보고, 귀로 듣고, 피부로 느끼는 행동 속에서 참다운 문제의식이 강화되는 것이다.

책상 앞에 앉아서 생각할 경우에도 다른 기업이나 경쟁 업체, 다른 업종, 해외에서의 실태 등을 정확히 조사·연구하고 이를 자회사의 과거나 현재와 비교·판단하는 적극적인 자세를 취해야만 좀더 현실적인 문제점을 찾아낼 수 있다는 말이다.

예를 들어 경쟁 기업의 사원 1인당 판매액은 연간 8억 원인데 우리 회사는 5억 원밖에 되지 않는다고 가정해 보자.

문제의식을 실천적으로 본다

이때 '도대체 그 이유가 무엇일까' 하는 식으로 생각하는 습관이 몸에 배어 있으면 문제를 단지 이론적으로만 생각하는 것보다도 훨씬 실천적으로 문제의식이 고양되고 강화되어 갈 것이다.

이런 식으로 정리하다 보면 대리점에 대한 문제를 해결하기 위한 기획 주제를 다음과 같이 잡을 수 있다.

첫째, 우리 회사에 대한 협력도를 높이는 기획.

둘째, 대리점에 대한 경쟁 업체의 유혹을 방어하기 위한 기획.

셋째, 대리점을 만족시킬 수 있는 자기 회사의 상품 구성의 기획.

넷째, 대리점에 대한 관리 체계의 강화.

비즈니스맨이라면 누구나 기획력을 갖고 있어야 한다. 자신이 기획자든 아니든 간에 행동과 연구로써 문제의식을 강화하고, 기획 주제가 되는 힌트를 정확하게 포착하여 상사에게 보고하거나, 기획 회의에 제안할 수 있어야 한다.

문제의식을 집어내는 훈련이 된 사람은, 보통 사람이라면 간과하거나 듣고 잊어버릴 만한 사소한 사태에서도 중요한 기획 대상의 힌트를 찾아낼 수가 있다.

큰 저수지의 둑이 무너지는 것도 처음에는 눈에 보일 듯 말 듯한 개미들의 움직임에서 비롯되는 것이라고 하지 않던가. 어떠한 문제든 조그마한 조짐으로부터 시작되어 커다란 사태로 발전하는 법이다.

바로 그 조그마한 조짐, 무시해 버리기 쉬운 사태가 보는 각도에 따라서는 중요한 정보가 되어주는 것이다. 그러한 정보가 기획을 낳고, 나아가서는 기업의 운명을 좌우하게 되는 것이다. 그러한 의미에서 기업은 모든 사원의 문제의식, 즉 기획성을 길러 나가야 한다.

기업에서 기획의 의미는 무엇입니까?

답 기획은 기업이 갖고 있는 유한한 자원, 즉 사람의 지혜, 시간, 자금, 서비스 등을 될 수 있는 한 효율적으로 사용해서 무엇인가를 이룩하기 위한 '지혜의 도구' 다.

해설 3M사의 제품개발부에 근무하던 아트 프라이는 성가대에서 찬송가를 부르면서 종이 쪽지를 목적하는 페이지 사이에 끼워 넣고 있었다.

그러나 그 종이 쪽지는 종종 어느 새 떨어져 버렸다. 그래서 성찬식 때 다급하게 성가집을 뒤져야 했다.

그는 이 문제를 해결할 수 없을까를 고민하고 또 고민했다. 드디어 거의 1년간의 수정 보완 끝에 접착제가 붙은 오늘날의 '포스트 잇' 이 시판되었다. 그의 문제의식으로 또 하나의 발명품이 탄생된 것이다.

문제의식을 갖고 찾아내는 기획 대상은 많으면 많을수록 좋다. 그러나 그 모든 기획 대상을 기획 테마로 하여 기획 작업을 하는 것은 곤란하고, 또 그럴 필요도 없다.

기획은 기업이 갖고 있는 유한한 자원, 즉 사람의 지혜, 시간, 자금, 서비스 등을 될 수 있는 한 효율적으로 사용해서 무엇인가를 이룩하기 위한 '지혜의 도구' 다. 따라서 수많은 기획 대상 속에서 효과가 높은 것만 골라서 유한한 지혜와 시간을 쏟아넣는 것이 현실의 모습이다.

기획 작업은 지식이나 정보를 지혜로 다시 가공해서 효과적인 정보를 만들어 내는 작업이라 할 수 있다. 중요한 주제에 대한 기획 작업에는 집중적인 고도의 지적 에너지가 필요하다. 고도로 훈련된 에너지를 집중시켜야만 기획 주제에 대한 만족스러운 답이 나올 수 있기 때문이다.

그러나 대부분의 기업은 이러한 에너지를 질적으로나 양적으로 무한정 쏟아부을 수는 없으므로, 기획 대상을 몇 가지에 한정하고 거기에 에너지를 집중해야 비로소 좋은 기획이 생겨나는 것이다.

매우 중요한 기획자의 심리상태

기획 작업을 하는 사람의 심리도 중요하다. 마음이 내키지 않는 작업을 하면 지적 에너지가 활성화되지 못하므로 우수한 기획이 나올 수 없다. 기업의 입장에서 본다면 말할 수 없이 귀한 지적 에너지의 낭비가 된다.

기업의 입장에서도 기획 대상을 엄격히 선별해서 반드시 필요한 주제에 집중할 수 있도록 분위기를 조성해야 한다. 또한 기획자도 이 점을 충분히 인식하고, 진정으로 기업에 가치 있고 도움이 되는 주제인지를 가려내는 안목과 판단력을 길러야 한다.

물론 기획력이 의심스러운 직원에게는 중요하지 않은 과제를 주어 그 능력을 시험하는 경우도 있을 것이다. 그러나 기획자 또한 자신의 능력으로 감당하기 어려운 주제가 주어졌을 때는 솔직하게 자신의 역량으로는 역부족이라는 사실을 말할 수 있는 용기가 있어야 회사의 손실을 줄일 수 있다.

기업에서 기획 대상을 결정하는 방법에는 여러 가지가 있다. 일반적으로는 위에서부터 명령이 지시되는 경우, 부서 회의나 기획 회의에서 결정되는 경우, 특정 분야에서 직원들의 판단으로 선택되는 경우 등이 있다. 어떠한 경우로 기획의 주제가 제기되었든 기획자는 다음에 관한 사항을 확실하게 인식하고 있어야 한다.

첫째, 왜 그것이 기획 대상(주제)으로 선정되었는가.

둘째, 그 대상에 대하여 기획이 수립된다면 어떠한 효과가 기대되고, 그것은 어떠한 의미를 가지는 것인가.

셋째, 그 기획 입안은 왜 자기 또는 자신이 포함된 부서가 담당하게 되었는가.

이러한 인식은 반드시 작업에 들어가기 전에 선행되어야 한다.

기획의 주제를 명확히 하기 위한 좋은
방법은 무엇입니까?

답 기획 작업의 첫 단추를 끼우는 일은 기획 주제를 명확히 하는 것이다. 그
방법은 가능한 숫자로 표현하는 것과 고유명사를 이용하는 것이 좋다.

해설 기획의 주제가 설정되면 기획 작업에 들어가는데, 이 과정에
서 먼저 해야 할 작업은 기획의 주제를 명확하게 하는 것이
다. 기획 주제의 명확화 요령은 첫째는 숫자화, 둘째는 고유
명사화다.

매출 증가는 이미지일 뿐, 숫자가 아니다. 비용 절감도 마찬가
지다. 이를 매출 30퍼센트 증가나 비용 10퍼센트 감소라고 하면
숫자화가 된다. 이미지가 숫자로 표현되어 확실해지면 그 숫자
의 실현이라고 하는 기획 목표가 분명해진다.

기획의 주제를 설정할 때에 숫자화가 가능한 부분은 매출, 이
익, 투자액, 기간, 투하 인원 등 여러 가지가 있다. 이들 외에도
주제에 해당하는 것을 가능한 한 숫자화시킴으로써 명확한 주제
로 파악할 수 있다.

직접적으로 숫자화하기 어려운 대상은 비교 숫자로 표현하여

숫자화할 수 있다. '전년 대비 30퍼센트 매출 증가' 라고 하는 식으로 비교 숫자화하는 것이다. 이와 같이 비교 기준치로 파악될 수 있다면 비교 숫자도 명확해진다.

비록 비교 기준치가 명확하지 못한 추정값이라고 해도 아무것도 없는 경우보다 이미지의 목표화가 훨씬 뚜렷해진다.

고유명사로 표시하라

지역, 채널, 상품, 기계, 공장, 원재료 등을 될 수 있는 한 고유명사로 표현하는 것이 좋다. '제품의 원가 절감' 이라는 것만으로는 기획 대상의 주제가 명확하지 않다.

'제품 A, B, C의 플라스틱 재료비와 금형 가공비의 5퍼센트 비용 절감' 이라고 하면 대상이 고유명사화 됨으로써 훨씬 내용이 명확해진다. 그만큼 초점이 맞는 기획을 수립하기가 쉬워지는 것이다.

어떤 기업에서 공장입지에 관한 기획을 입안했을 때, 공장 설립 지역의 범위를 고유명사화하지 않았기 때문에 경영자가 생각하고 있었던 곳과 전혀 관계가 없는 지역을 조사함으로써 막대한 비용을 낭비했던 사례가 있다.

기획자는 공장입지라는 말만 듣고 독단적으로 특정지역을 상정하고 조사에 착수했던 것인데, 경영자의 의중이 전혀 다른 지역이었던 것이다. 결국 대상을 고유명사화하지 않아서 발생한 손실이었다.

이처럼 숫자화와 고유 명사화를 가능한 많이 채용한 기획 테마가 기획 작업을 추진하기 쉬운 효과적인 주제라고 할 수 있다.

반면에 지나치게 숫자화하면 유연한 기획을 방해하기도 한다. 기획은 계획과 달라 유연한 성질을 갖게 되는데, 지나치게 숫자에 얽매이다 보면 기획 전체가 경직될 위험이 있기 때문이다.

또 제품의 디자인적인 측면을 기획하고 결정하는 것은 아주 난해하다. 왜냐하면 창의적인 디자인에는 구체적인 방향이 존재하지 않기 때문이다.

'이것이 창의적인 디자인이다' 하고 기획자가 제시를 하게 되면, 사실 디자인은 이미 끝난 셈이나 다름없다. 그래서 디자인 기획은 구체적으로 이루어질 수 없는 것이다. 숫자는 어디까지나 목표 기준을 나타내는 척도로서 받아들여져야 한다.

문 55 기획을 의뢰받았을 때 기획의 주제를
명확하는 방법은 무엇입니까?

답 기획을 의뢰한 사람의 의중을 명확히 파악하는 것이다.

해설 기획의 주제를 명확하게 하는 단계에서 반드시 확인해야 할
것이 있다. 그것은 기획 의뢰자가 무엇을 원하는가이다. 상
사로부터 '○○에 관하여 기획을 해보라'는 지시를 받았다
면, 그 자리에서 상사는 도대체 무엇을 기대하고, 무엇을 생
각하고 있는가를 확인해야 한다는 말이다.

어느 기업에서 판매 담당 상무로부터 기획 부문에 준주력 제
품군 B의 판매 수량을 30퍼센트 정도 증가시킬 수 있는 광고나,
판매 촉진 기획을 수립하라는 지시가 내려왔다.

기획부에서는 여러 가지로 아이디어를 짜보았지만, 시장 상
황도 나쁘고, 경쟁 제품과의 경쟁력에도 문제가 있어서 직접적
인 30퍼센트 매출 증가를 위한 기획은 곤란한 일이라는 결론을
내렸다.

그 대안으로 직접 판매 수량을 증가시키지 않으면서 계열 기

업이나 외주 공장 등의 협력을 얻고, 제품에 대한 부분적인 개량 등을 통해서 B제품의 원가를 낮추어 30퍼센트 증가와 같은 정도의 이익을 낼 수 있는 기획을 내놓았다. 이 기획안은 바로 정리되어 상무에게 제출되었다.

그러나 기획부장은 상무로부터 호된 꾸지람을 들어야 했다. 왜냐하면 상무가 기획부에 B제품 30퍼센트 판매 증가에 대한 기획을 수립하라고 한 것은, 생산담당 이사로부터 B제품의 매상이 증가하지 않아서 공장의 정상적인 조업에 문제가 있다는 항의를 받았기 때문이다.

당초 회사는 B제품이 많이 팔릴 것이라는 예상 하에, 그 예상에 맞추어 공장 설비와 인원을 늘려놓았던 것이다. 제품이 출시되고 상당한 기일이 지났는데도 판매가 예상대로 신장되지 않아 B제품의 조업은 공장의 손익분기점 이하로 떨어지는 상황이 되어버렸다.

사장 이하 모든 임원이 참석한 회의에서 판매담당 상무는 이 책임을 추궁받았고, B제품의 판매 신장 방법을 강구해서 공장이 제대로 돌아가도록 하겠다고 약속을 했던 것이다.

기획 의뢰자의 진의를 제대로 파악하라

다시 말해서 상무가 기획을 하라고 한 진의는 판매 증가에 의한 공장 조업의 원활한 가동이지, 이익의 증가에 있지 않았던 것이다.

그러나 기획부에서는 이익이라고 하는 결과만 같다면 판매 증가라는 직접적인 목표를 추구하지 않아도 된다고 자기들 마음대로 생각해 버린 것이다.

어느 시장조사 기관이 식품 제조회사로부터 신제품의 시장 진출을 위한 경쟁 제품의 조사를 의뢰받고, 조사 기획과 비용 견적을 제출했다. 그러나 이 조사 기획은 제조회사 측의 진의를 파악하지 못했기 때문에 수주하는 데 실패했다. 어떠한 점이 틀린 것일까.

그 조사 기획은 제조 회사도 이미 파악하고 있는 경쟁 제품의 품명, 제조자, 생산 및 판매량 등을 상세하게 파악하여 보고한 상식적인 내용이었던 것이다.

어떤 기획을 의뢰받았을 때, 그 진의를 제멋대로 파악해 버리면 나중에는 수습할 수 없는 사태가 닥친다는 사실을 명심해야 한다.

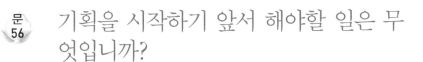

기획을 시작하기 앞서 해야할 일은 무엇입니까?

답 기획을 시작하기 위해서는 먼저 기획 대상에 대한 충분한 조사와 파악이 이루어져야 한다. 그래야 초점이 정확하게 맞는 기획안을 만들 수 있다.

해설 기획 대상이 명확해지고, 주제가 확실해지면 기획자(또는 기획팀)는 기획을 위한 본작업에 들어가게 된다. 기획 아이디어를 생각하거나 기획 골자를 결정하기 전에, 먼저 기획 대상에 대하여 충분한 조사와 파악이 이루어져야 한다.

판매 부문 회의에서 금년 가을 발매하는 신제품에 관해 프리미엄 캠페인을 벌인다는 주제를 결정하고, 그 기획에 대한 기획안 입안을 지시받았다고 하자.

성질 급한 기획자는 '자, 어떤 기획으로 하면 좋을까' 하고 머릿속에서 아이디어를 생각하기 시작한다. 물론 이러한 방식이 전적으로 나쁘다는 것은 아니다. 그러나 뛰어난 기획자는 시간이 허락하는 한 그렇게 당돌하게 행동하지 않는다.

'자, 아이디어를…' 하고 생각한다고 해도 아이디어란 그렇게 쉽사리 나오는 것이 아니다. 충분한 연구와 숙성의 과정을 거쳤을 때에 비로소 번득여 주는 것이기 때문이다.

구체적인 아이디어나 기획안을 생각하기 전에는 기획 대상에 대한 여러 가지 사항을 조사·파악·인식하고, 이를 머리에 새기거나 메모한다. 아이디어는 그 후의 작업이다.

그렇다면 무엇을 조사·파악해야 할 것인가. 예를 들어 신제품 개발 기획에 해당하는 내용들은 다음과 같다.

신제품 개발 기획의 내용들

① 신제품의 내용, 성능, 원가, 예정 판매 가격.

② 신제품과 기존 판매 채널과의 관계, 특히 채널 적합성에 대한 판단.

③ 신제품에 대한 경합 제품.

④ 왜 이 기획이 필요하다고 판단되었는가.

⑤ 이 기획에 대한 기대는 어떠한 것이 있나.

⑥ 이 신제품에 대해서 별도로 어떠한 기획이 진행되고 있는가.

⑦ 이 기획에는 최대한 어느 정도의 비용, 인원, 기간, 장소 등을 동원할 수 있는 가능성이 있는가.

⑧ 당사 및 경쟁 회사에서 현재 진행중인 기획 중에서 이와 똑같거나 비슷한 기획은 없는가, 그 내용과 결과를 살펴보는 동시

에 이에 대하여 반성할 것은 없는가.

⑨ 이 기획 입안의 마감은 언제인가.

⑩ 이 기획 입안에 협력 받을 수 있는 상대(개인 및 조직)는 누구인가.

⑪ 이 기획 입안에서 상사나 관계 부문은 어떠한 기대, 이미지, 아이디어, 주문을 갖고 있는가.

⑫ 이 기획 입안을 왜 나에게 명령한 것인가.

이러한 여러 가지 점을 노트에 하나씩 적어본다.

그러면 이 기획에 대한 상사나 관계 부문의 기대감, 이 기획은 어느 부문의 누구에게 협력을 구할 수 있는가, 기획 입안까지의 시간은 어떻게 배분할 것인가, 신제품의 어디에 어필 포인트를 둘 것인가…… 등등 기획 작업에 대한 구체적인 틀이 갖추어지는 동시에, 기획에 대한 전체 이미지가 자연히 떠오르게 된다.

또한 전력을 다해 기대에 어긋나지 않을 만한 훌륭한 기획을 수립해 보려고 하는 의욕도 용솟음친다. 따라서 이러한 조사와 파악이 충분하면 할수록 초점이 정확하게 맞는 기획을 입안해 낼 수 있게 된다.

기획 대상을 조사하고 파악한다는 일은 좋은 기획을 이끌어내는 필수적인 작업이다.

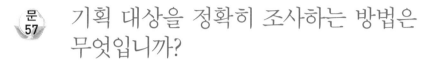

문 57 기획 대상을 정확히 조사하는 방법은 무엇입니까?

답 기획 대상을 정확히 조사, 파악하려면 먼저 현장이나 상황을 정확히 관찰하고, 그 다음에 현장의 의견을 듣고 정확한 의사교환을 하는 것이다.

해설 가장 바람직한 기획은 한정된 비용이나 자원, 인재, 시간 등의 범위 내에서 가장 성과 있는 기획을 만들어 내는 것이다. 그 기획은 누구나 쉽게 이해할 수 있고, 쉽게 협력하고, 참가할 수 있는 것이어야 한다.

그러한 기획안을 만들기 위해서는 될 수 있는 한 기획 대상을 정확히 조사·파악해야 한다. 조사 및 파악을 할 때에는 다음의 네 가지 관점을 맞추어야 한다.

① 정확히 본다(관찰한다).

② 정확히 듣는다.

③ 정확히 이야기한다.

④ 정확히 조사한다.

기획은 기획자의 독단이나 편견에 의해 입안되어서는 안 된다. 이것이 훌륭한 기획자가 갖추어야 할 절대 조건이다. 기획이란 설득력 있는 것이어야 하기 때문이다.

독창적인 아이디어나 특이한 구성은 기획을 살리는 요소이기는 하다. 그러나 그것은 어디까지나 객관적인 기획 대상과 기획 의도, 기획 목표에 대한 것이며, 이들 객관적 조건을 제멋대로 해석하거나 무시하는 것은 허용될 수 없다.

만약 그러한 과오를 범한다면 모처럼의 기획이 객관적인 조건과 맞지 않게 되어 현장의 협력을 얻을 수 없게 되거나, 실행자로부터 배척당하는 등 문제를 일으키게 된다.

따라서 위에서 말한 네 가지 관점에서 기획 대상을 정확히 파악하는 것이 무엇보다 중요하다. 좀더 설명을 부연하면 다음과 같다.

조사할 때 네 가지 관점

첫째, 현장(기획 대상과 관계있는 여러 현장이나 상황)을 정확히 관찰하여 눈으로 정보를 느껴야 한다.

제품의 판매 촉진 기획이라면 제품 그 자체는 물론이고, 제품의 생산 공정, 유통 현장, 도매점, 소매점 등을 찾아가서 직접 눈으로 보고, 그 실정을 머리에 새긴다.

특히 경험이 별로 없는 기획자는 새로운 대상에 대한 관찰이 중요하다. 관찰한 객관적 사실과 현장에서 느낀 점을 반드시 메모를 한다. 기획 아이디어의 힌트가 될 수 있을 것 같은 생각들도 메모한다.

기업의 입장에서는 '현장은 현재 어떻게 되어 있는가' 라는 객관적 사실에서 출발한 기획이야말로 가장 바람직한 것이다.

둘째, 정확히 들어야 한다.

제품의 기획자, 공장 담당자, 영업 담당자, 세일즈맨 등과 접촉해서 그들이 무엇을 생각하고, 무엇을 기대하며, 어디에 불만 있고 무엇을 부족하게 느끼고 있는가를 알아내야 한다. 그리고 잊지 않도록 그들이 의견을 메모한다.

셋째, 정확히 이야기해야 한다.

이것은 기획자가 상대방에게 묻는 것이다. 보고 들은 결과에 대하여 의문이 생기면 그 점에 대하여 자세히 묻고, 자신의 의견을 말하여 현장과 기획 대상 관계자의 참뜻을 파악해야 한다.

이러한 작업은 기획이 현장에서 받아들여지기 쉬운 여건을 조성하는 일이기도 하다. 현장에 있는 사람들에게 무엇인가 새로운 기획이 내려온다는 사전 양해도 되고, 인간관계를 원활하게 하기 위한 것이기도 하다.

넷째, 정확히 조사해야 한다.

과거의 사례, 경험, 다른 제조 회사의 방식 등은 업계 관련지 등의 기록을 통해 조사하고, 그 체험이나 이에 관한 비판도 조사해야 한다.

기획 이미지를 잘 나타내는 방법은 무엇입니까?

답 커다란 스케치북에 기획 대상의 이미지를 쓰거나 그려보라. 전체 기획을 대체적으로 조망하는 이 작업에서 기획에 대한 열정이 용솟음친다.

해설 기획 대상을 명확하게 하고, 대상을 조사하고 파악했다면 이제 직접적인 기획 작업에 들어간다. 기획 순서의 제2단계라 할 수 있다. 이 단계는 기획을 마무리하기 위한 기둥이 되는 아이디어를 생각해 내고, 이를 마무리하는 단계다.

기획의 기둥이 되는 착상이나 아이디어가 평범하면 기획 그 자체도 평범한 것이 되기 쉽다. 반대로 독특한 착상이나, 창의성 있는 아이디어가 기획 내용을 구성하면 뛰어난 기획이 될 확률이 높다.

기획은 어떤 기획의 목적에 의해 입안된다. 그러므로 반드시 기발한 아이디어가 아니면 안 될 이유는 없다. 오히려 평범한 아이디어로 쉽게 기획 목적을 달성할 수 있다면 그보다 좋은 것은 없다.

그러나 현실적으로 볼 때 너무 평범한 생각으로는 기획 목적을 달성할 수 없는 경우가 많다. 따라서 기획에서는 그 기둥이 되는 아이디어에 질 높은 신선함과 독특함이 요구되는 것이다.

기획을 위한 아이디어 작업은 시행착오의 연속으로 이러한 과정을 거쳐야 반드시 좋은 아이디어가 나온다고 하는 100퍼센트 확실한 방법도 없다. 따라서 이 단계는 반드시 정해진 일정한 항목에 따라 진행하는 것이 아니라 각자 또는 각 팀의 경험이나 연습 속에서 자신들만의 독특한 발상을 얻어가는 과정이다.

독특하고 기발한 착상과 발상을 얻기 위해서 먼저 해야 하는 것은 기획에 대한 이미지를 그리고, 이를 표현하는 작업이다. 기획 이미지란 기획의 구체적인 아이디어나 기획의 세부적인 계획이 아니라 전체를 조망하는 것으로 기대 효과나 이러한 기획이 되었으면 좋겠다고 하는 이미지다.

표현방법은 다양하다

이것은 반드시 언어로 표현되는 것은 아니다. 그림이 될 수도 있고, 단편적인 단어가 될 수도 있다. 기획 이미지는 자세한 내용이 아니라 '이러한 기획이면 좋겠다' 하는 대체적인 표현이다.

어떤 기획자는 커다란 스케치북에 기획 테마에 관한 이미지를 매직으로 써나간다. 그곳에는 간단한 문구가 적혀 있거나, 만화 같은 그림이 그려져 있다. 글자가 악필이어서 알아볼 수 없다거나, 그림을 잘 그렸거나 못 그렸다는 것은 아무런 의미도 없다.

이러한 작업을 집중하여 계속 반복하다 보면 내용은 아직 명확하지 않지만, '이러한 기획이 되었으면' 하는 식의 전체 모습이 떠오른다. 그리고 이러한 작업을 통해서 그 기획에 대한 열정도 용솟음치게 된다.

실제로는 어떠한 기획의 이미지를 표현한다는 것은 쉬운 작업이 아니다. 앞으로 기획이 그렇게 되기를 바라는 욕구는 물론 그 욕구를 실현시킬 수 있는 핵심적 방법도 떠올려야 하기 때문이다.

그래서 기획력은 통찰력을 필수로 한다. 통찰력은 시스템적 사고를 통해 일의 처음부터 끝까지를 꿰뚫어보는 능력을 말하는데, 아무리 복잡한 것에서도 핵심을 잡아내는 능력이 부수적으로 따른다.

기획은 대상일 수도 있고, 문구일 수도 있고, 디자인일 수도 있다. 기획 대상에 대한 조사를 충분히 했다면, 자신의 마음속에 떠오르는 기획안을 구체적으로 시각화해 보는 것이 좋다.

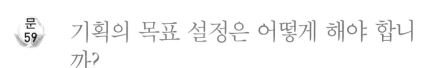

문 59 기획의 목표 설정은 어떻게 해야 합니까?

답 기획의 목표 설정은 추상적이어서는 안 된다. 또한 애매해서도 안 된다. 그래서 좋은 방법은 숫자화를 통해 정확하게 드러내는 것이다.

해설 기획의 목표 설정은 될 수 있는 한 숫자로 표현하는 것이 효과적이다. 숫자화하면 정확한 내용이 드러나게 되는데, 숫자야말로 과학의 언어이기 때문이다.

숫자, 즉 절대값 내지 상대값으로 표현된 목표라면 기획을 구성하는 요소나 줄기 등도 그 목표값에 따라 구성할 수가 있지만, 그렇지 못한 추상적인 목표는 요소나 줄기, 인원 등을 정확하게 파악할 수 없다.

'될 수 있는 한 대폭적으로 비용을 절감시키는 기획' 의 경우, '될 수 있는 한' 이란 대체 어느 정도를 기대하는 것인가에 따라 기획의 내용이 달라진다.

예를 들어 10퍼센트 정도의 비용 절감이라면 가치분석적인 수법을 구사한 기획으로 목표를 달성할 수 있는 경우가 많다.

그러나 비용을 30~40퍼센트 절감시키는 것이라면 가치분석으로 가능한 것이 아니라, 전혀 새로운 제품을 개발해야 한다는 명제가 된다. 즉, 성능이나 가격에는 큰 변동이 없으면서 원가를 30~40퍼센트씩 내리는 새로운 원리나 구조의 신제품을 개발하는 기획이 되는 것이다.

물론 기획 주제에 따라서는 목표를 숫자로 표현하기 어려운 것도 많다. 교육 훈련에 의한 능력 계발 기획이라면 강의, 실습, 연습, 토론, 자기 계발 등을 포함시킨 기획을 수립할 수는 있다.

능력 계발의 가능성을 숫자로 표현한다

그러나 그 기획을 통해 어느 정도의 능력 계발이 가능한가를 숫자로 표현하는 것은 별도의 연구가 필요하다. 물론 전혀 불가능한 것은 아니다. 숫자로 표현하기 어려운 목표를 숫자화된 목표로 파악하고 표현하는 것도 기획력의 중요한 요소가 된다.

어느 기업에서는 기술 교육 훈련의 목표를 '공업고등학교 졸업 후 5년의 실무 경력을 가진 사람과 같은 수준의 기술 지식 및 능력' 이라고 정했다. 이것만으로는 명확하지 않아서 그 기업에서는 '이 지식 및 능력 수준은 전문 위원회가 작성한 문제와 연습 과제를 테스트하여 각각 70점 이상을 획득하는 것을 합격 판정의 기준으로 한다' 고 규정하였다.

이 규정으로 이 회사의 교육 훈련 목표는 명확해졌다. 일정 기간의 교육 훈련으로 수강자를 테스트할 경우에 전원이 기준에 합격할 것과, 교육 훈련 기간은 될 수 있는 한 짧게 효율적으로 실시되어야 한다는 것이 이 기획에 요구되는 사항이었다.

그리고 이러한 지식 및 능력에 관한 테스트는 70점 이상이면 합격점으로, 소정의 과정을 성실히 마치면 누구나 통과할 수 있는 사항이었다. 숫자화를 꾀한 결과, 교육생들의 수업 태도도 달라지고, 더욱 노력하게 되었으며, 목표를 달성하게 되었다. 이와 같이 기획의 목표를 숫자화하는 것은 그 효과가 분명하게 나타난다는 점에서 매우 바람직하다.

기획 목표의 설정은 기획의 힌트나 아이디어를 효과적으로 모으는 중요한 열쇠다. 또한 기획을 구체적인 안으로 마무리할 때에도 그 내용을 점검하는 중요한 지표가 된다.

**문
60** 기획의 목표를 설정할 때 유의할 점은
무엇입니까?

답 기획 목표를 너무 높게 잡아서는 안 된다. 기획의 초점이 너무 높으면 초점을 어디에 맞추어야 할지 불명확해지기 때문이다.

해설 기획 목표를 설정할 때 반드시 지켜야 할 사항이 있다.

첫째, 기획 목표를 세울 때에 지나치게 욕심을 부려서는 안 된다.

기획의 목표가 너무 높으면 기획의 초점을 어디에 맞추어야 좋을지 명확하지 않아서 기획의 선명성을 잃기 쉽다.

예를 들어 '식사대용으로도 먹을 수 있고 간식이기도 하며, 슈퍼마켓에서도 판매할 수 있고 고급 레스토랑에서도 취급할 수 있는 스낵 식품을 기획하라' 는 식으로 욕심을 부리면, 모든 욕구를 충족시킬 수 있을 것 같지만 실제로는 각각의 욕구 중 어느 부분에 초점을 맞추어야 좋을지 몰라서 그 어떤 요구도 만족시키지 못하는 이미지가 나올 가능성이 높다. 따라서 기획의 욕심은 금물이다.

'고급 레스토랑에서 환영받을 만한 스낵 식품의 기획' 이라는 식으로 한 곳에 목표를 집중시키면 아이디어도 훨씬 쉽게 떠오르게 된다.

일단은 고급 레스토랑에서 환영받을 만한 스낵 식품을 기획, 개발한 후에 그 고급스러운 제품을 기초로 다양한 품목으로 발전시킨다거나, 보급품을 만들어 슈퍼에서 판매하도록 하는 식으로 점차 단계별로 기획을 확대, 발전시키는 방법을 모색하는 것이다.

둘째, 목표 사이에 모순이 없도록 한다.

목표 사이의 모순이란, 이를테면 저가 경쟁으로 매상을 2배로 올리는 동시에 이익률도 2배로 높인다는 것이다. 제품을 싼 값에 판매하여 매상을 올린다는 것은 실질적으로는 이익률의 저하를 의미한다. 따라서 기술과 판매의 기법이 말 그대로 혁명적인 것이 아니면 싼 값에 팔면서 이익률을 2배로 높인다는 것은 모순이다.

좀 더 좋은 기획이되기 위해 숙고해야할 사항

이러한 경우에 어떠한 전제를 두면 이율 배반적인 이들 목표가 모순되지 않을까, 또 모순된다면 어느 쪽에 중점을 두어 기획할 것인가를 분명히 해야 한다. 매상을 2배로 올리는 것과 이익률을 2배로 높이는 것 중에 어느 편에 초점을 맞추어야 좀더 좋은 기회가 될 것인지 심사숙고해야 할 문제다.

셋째, 목표의 우선 관계를 명확히 해야 한다.

기획 목표에 다음의 세 가지가 포함되어 있는 경우를 생각해보도록 한다.

①A지역에 진출해서 시장 점유율 5퍼센트를 확보할 것.

②판매점 500개를 확보할 것.

③신제품 ○○를 판매할 수 있는 기반을 만들 것.

이 기획에서 우선 순위가 나열한 순서대로인지, 나열한 반대 순서인지, 아니면 또다른 순서가 있는 것인지 명확하지가 않다. 따라서 '목표를 완수하는 순서는 나열 순서대로 우선한다' 는 식으로 차례를 분명하게 정해야 한다.

나열 순서로 정했다면 첫 번째 항목을 절대적인 기획의 목표로 삼고 입안한다. 이 기획안을 검토한 다음에 두 번째의 기획, 세 번째의 기획에 관한 아이디어를 추가적으로 보충하는 것이다. 만약 이런 방법이 어렵다면 두 번째나 세 번째는 좀 불만족스럽더라도 첫 번째 목표를 100퍼센트 만족시키는 기획을 짜는 것이 효과적이다.

이기는 기획의
아이디어

아이디어를 내려면 평소 어떻게 해야 합니까?

 아이디어를 내려면 평소 의문을 갖는 습관, 뒤집어 생각해 보는 습관 등을 갖는 게 좋다. 머리가 우수하다고 좋은 아이디어를 내는 게 아니다.

 기획의 주제를 설정하고, 구체적인 기획안을 만들 때 가장 중요한 것은 기획의 중심을 구성하는 아이디어를 어떻게 생각해 내느냐는 것이다.

자신은 머리가 나빠서 좋은 아이디어를 낼 수 없다고 생각하는 사람이 있는가 하면, 샘물이 솟아나듯 아이디어가 무궁무진한 사람도 있다.

그러나 아이디어가 무궁무진하다고 해서 반드시 훌륭한 기획자가 될 수 있는 것은 아니다. 아이디어가 아무리 풍부해도 실제로 기획에 채택되어 현실화할 수 있는 것이어야 하기 때문이다.

문제는 효과적인 아이디어를 기획 주제에 맞추어, 적절한 시점에 제안할 수 있는 아이디어 능력을 갖고 있느냐 없느냐 하는 데에 있다. 머리가 나쁘다고 생각하는 사람이라도 기획 주제와 현실을 직시하여 뜻밖에 좋은 아이디어로 우수한 기획을 제안하는 경우도 적지 않다.

　기획이란 여러 가지 정보의 유기적인 결합에 의해 이루어진다. 그 근본이 되는 아이디어도 어떤 정보 또는 몇 개의 정보를 가공, 변형, 조합시켜서 만든 정보의 일종이며, 아이디어의 씨앗이 되는 힌트도 일종의 정보다.

우수한 아이디어의 특색

　대체로 우수한 아이디어는 특색을 지니고 있다. 즉 특색 있는 정보의 가공, 변형, 조합에 의하여 우수한 아이디어가 이루어지는 것이다. 그렇다면 '힌트의 탐색→아이디어화→기획화' 라고 하는 일련의 작업은, 결국 정보의 탐색, 변형, 가공, 조합에 관한 작업이 되는 것이다.

　그러므로 각 단계에서의 정보 탐색 방법이나 변형, 가공, 조합 및 조립 방법의'능숙함의 정도에 따라서 우수한 아이디어가 제안되는 것이다. 그러한 의미에서 기획자에게 있어서는 기획의 바탕이 되는 아이디어, 그리고 아이디어의 바탕이 되는 힌트, 착상의 탐색 방법의 능숙한 정도가 대단히 중요한 요소라고 할 수 있다.

　어떠한 방법을 이용하든지 간에 질적으로 우수한 새로운 의미, 뛰어난 가치를 가지는 정보를 생각해 내는 것이 우수한 기획자의 조건이라고 할 수 있다. 그렇게 하기 위해서는 힌트를 탐색

하는 것에서부터 기획서를 작성하는 데에 이르기까지 피나는 훈련과 꾸준한 연구가 뒷받침되어야 한다.

좋은 아이디어를 제안해 낼 수 있는 구체적 조건은 무엇인가. 이 점에 관한 상세한 내용은 뒤에서 다시 한 번 설명하기로 하고 여기서는 이 점에 앞서 확실하게 해야 할 요소를 확인하기로 한다.

그것은 '누구나 쉽게 즉석에서 터득할 수 있고, 우수한 아이디어를 낼 수 있는 비결' 이란 세상에 없다는 사실이다.

무엇이든 인스턴트화 되는 시대처럼 보이지만, 우수한 아이디어만은 꾸준한 노력과 피나는 훈련 및 연구에 의해서만 가능하다는 사실을 명심해야 한다.

기획이 시작되는 초기에는 무엇을 해야 합니까?

답

기획이 시작되는 초기에는 아이디어를 내기 위한 지식과 정보를 모아야 한다. 이 과정에 따라 아이디어와 기획의 우열이 결정된다.

해설

비즈니스맨에게 가장 필수적인 업무능력을 꼽으라고 하면 언제나 상위에 오르는 것이 단연 기획력이다.

기획의 중요도가 높아짐에 따라 각 회사에서는 통찰력 있는 기획력을 지닌 기획자를 가장 최우선으로 스카우트하려는 움직임이 활발해지고 있다.

통찰력이란 정보와 지식을 처리하는 인간 고유의 창조적 상상력이나 그런 상상력을 통해 사물이나 행동, 그리고 사건의 본질 속에 숨겨진 새로운 의미를 해석해 내는 과정이므로, 기획과는 떼어놓을 수 없는 능력이 된다.

요즘에는 문화와 감성의 시대이므로, 거기에 맞는 기획력을 키워야 하는데, 무엇보다 새로운 키워드, 소비자의 인사이트를 찾는 것이 중요하다.

아이디어나 그 힌트를 찾아내는 노력은 기존에 알고 있던 지식이나 정보로부터 탐색하는 방법을 익히는 데서 시작하는 것이 안정적이다. 어떤 신제품에 대한 시장 개발 기획을 수립할 경우, 다음 항목들 속에 참고가 될 만한 지식이나 정보가 상당히 많이 포함되어 있다.

시장 개발 기획시 참조할 사항

① 시판하는 전문 도서나 전문 잡지, 업계지의 스크랩 등.

② 지사 또는 관계 회사가 과거에 실시한 시장 개발과 관계있는 기획이나 제안 등의 기록.

③ 그 분야의 전문가, 컨설턴트, 대학 교수, 연구자의 조언.

④ 세미나 등에서 발표된 시장 개발과 관계된 지식, 아이디어, 정보 등.

조금만 머리를 쓴다면 이 밖에도 이미 공개되어 있는 지식이나 정보를 얻을 수 있는 소재는 얼마든지 있다.

기획안 제출 마감일을 기준으로 역산해서 일정기간을 정하여 집중적으로 이러한 소재들 중에서 지식이나 정보를 모으는 데 집중한다. 예를 들어 기획안 제출 마감일이 1개월 후라면 그 최초의 10일 동안은 아이디어를 위한 지식이나 정보 모으기에 집중하는 것이다.

이 과정을 얼마만큼 충실하게 성취하느냐에 따라 기획 아이디어의 우열이 결정될 가능성이 높다. 아무리 머리가 좋은 사람이라고 해도 무엇인가 생각하고 고안해 낼 수 있는 자료가 있어야 좋은 아이디어가 나올 수 있기 때문이다.

우리나라 사람들은 기획과 관련되어 보통 두 가지 특색을 보인다. 연구와 정보력이 부족하다는 것과, 기질적으로 무엇이든지 요령 있게 처리할 수 있는 능력이 뛰어나다는 것이다. 따라서 집중적으로 지식이나 정보를 모으는 과정에서 '이것이라면…' 하는 힌트를 얻을 가능성이 매우 높다.

지식과 정보를 얻는 가장 쉬운 방법은 책이다. 책 속에서 만나는 각종 지식과 정보는 기획자로서 걸어가는 길에 밝은 빛을 비춰주고, 끊임없는 영감을 주며, 포기하지 않는 끈기를 고취시켜 준다.

그렇다고 해서 책 속에만 파묻혀 있다고 해서 좋은 기획 아이디어가 저절로 떠오르는 건 아니다. 책을 참고로 하면서도 언제나 호기심을 자극하는 생활습관을 몸에 익혀야 한다.

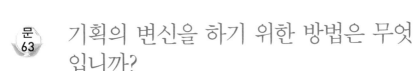

기획의 변신을 하기 위한 방법은 무엇입니까?

답 대부분의 기획은 기존의 정보에 약간의 변화를 주는 정도로도 충분히 변신이 가능하다.

해설 기존에 공개되어 있는 지식이나 정보 속에서 기획 힌트나 아이디어를 찾아내는 것은 극단적으로 말한다면 남의 것을 훔쳐보는 커닝과 다를 바 없다.

우열을 가려야 하는 시험장에서는 커닝이 용납되지 않지만, 기획의 경우에는 이러한 형태의 커닝은 아무런 문제가 되지 않는다. 오히려 매우 효과적인 방법 중의 하나이기도 하다.

단행본이나 잡지를 통해 발표된 지식과 정보, 세미나 또는 강연을 통해 얻는 정보 등은 이미 공개된 정보로, 자기 기업의 상황에 맞추어 가감 같은 약간의 수정이나 가공만으로도 훌륭한 기획 아이디어가 될 수 있는 것들이 적지 않다.

그러나 항상 자기 회사에 적절하게 들어맞는 기존의 정보가 있다고는 할 수 없다. 또한 알려져 있는 것을 그대로 흉내 내는 것이라면 지혜가 동원될 여지도 없고, 기분도 개운하지 못할 것이다.

이러한 경우에 사용되는 방식이 기존의 지식이나 정보에의 플러스 알파를 취하는 방법이다.

이것은 단순히 기존의 지식이나 정보를 그대로 사용하는 것이 아니라, 그 단면을 바꾸거나 새로운 힌트나 아이디어를 보태어 기획에 사용하는 것이다. 일종의 모방이기는 하지만, 완전한 모방은 아니다. 약간의 창조적인 아이디어를 추가시킨 창조적 모방이라고 할 수 있다.

예를 들어 해외여행에 관한 새로운 기획을 해야 한다고 가정하자. 기존의 여행사 등에서 과거에 실시했거나 현재 실시하고 있는 여행 기획에 대한 자료는 쉽게 입수할 수 있는 경우가 많다.

따라서 비교적 간단하게 기존의 지식이나 정보를 수집할 수 있다. 그러나 기존의 여행 상품의 내용이나 일정 등을 그대로 흉내 내면 지명도가 높은 대형 여행사를 상대로 더 많은 관광객을 유치한다는 것은 매우 어려운 일이다.

기존의 것에 플러스알파를 한다

기존에 실시했거나 실시하고 있는 여행 상품의 기획에 플러스 알파를 하거나, 단면을 바꾸어 버리고 다른 특색을 보태는 아이디어를 생각해 내야 하는 것이다.

홍콩과 마카오를 다녀오는 3박 4일 여행 상품의 경우, 지금까지는 홍콩과 마카오에서 간단한 관광과 쇼핑, 그리고 몇 가지 특색 있는 중국 요리를 맛보는 정도의 내용으로 짜여 있었다. 이런 상품과 거의 내용이 같은 기획이라면 가격으로 승부해야 하거나 여행사의 신용을 파는 방법 밖에 없다.

그러나 같은 내용의 상품이라도 약간의 가공을 한다면 반드시 가격이나 지명도로 승부할 필요가 없어진다.

즉, 다음과 같은 사항을 추가해 본다.

첫째, 홍콩이나 마카오의 관광 내용은 식민지 역사를 알아보는 것으로 특색을 살린다.

둘째, 쇼핑은 여행 비용을 뺄 수 있을 만큼의 이점이 있는 물건을 선택하도록 유도하고, 그 구매 방법을 지도한다.

셋째, 중국 요리 중에서는 아무나, 어디서나 쉽게 맛볼 수 없는 새롭고 독특한 요리를 추가한다.

동행 여행객의 구성을 완전히 바꾸어 전체를 과감하게 젊은이 취향으로 하거나 노인 취향으로 함으로써 기존의 지식에 플러스 알파적 기획을 추가할 수 있게 한다.

대부분의 기획은 기존의 정보에 약간의 변화를 주는 정도로도 충분히 변신이 가능하다.

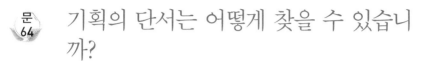

문 64

기획의 단서는 어떻게 찾을 수 있습니까?

답

책상에 앉아서 머릿속으로 아이디어나 힌트를 얻으려 노력해서는 안 된다. 발품을 팔아 현장이나 시장의 생생한 소리를 들어야 한다.

해설

'머리보다 발을 써라!'

이 말은 취재 기자들이 철칙으로 삼는 모토인데, 기획자도 이와 다르지 않다. 기존의 지식이나 정보를 집중적으로 수집하는 방법은, 시험에 대비하는 '벼락치기 공부'와 비슷하다.

잡지나 도서 같은 것을 훑어보는 것만이 아니라 좀더 적극적으로 세미나를 들으러 가거나, 선배나 전문가와 상담해서 지식이나 지혜의 힌트를 얻는 행동형 벼락공부 방식이 효과적이다.

이렇게 얻은 아이디어나 힌트를 한 항목씩 카드에 써놓은 다음에 이 카드를 나란히 줄지어 놓거나, 관계있는 것끼리 모아 보면서 자기 나름대로 아이디어를 개발하는 것이다. 이렇게 하는 것이 팔짱을 낀 채 '무엇인가 기발한 아이디어는 없을까' 하며 처음부터 부족한 지혜를 짜내려고 헛된 노력을 계속하는 것보다 훨씬 효과적으로 아이디어를 얻을 수 있다는 사실을 깨닫게 될 것이다.

행동으로 아이디어나 힌트를 찾아 헤매는 것은 머리가 아니라 발로 아이디어를 찾는 방법이다. 체력을 이용하는 아이디어 탐색 방법은 서점이나 도서관을 뒤지는 것만이 아니다. 선배나 다른 업종을 방문해 자료를 얻고, 세미나에 나가 질문을 한다.

해외 시찰도 가고, 기획의 주제에 따라서는 제조회사나 도매상, 소매상을 찾아가 관계자들로부터 여러 가지 의견이나 힌트를 얻는 노력도 모두 여기에 포함된다.

생각만으로 기획은 불가능하다

예를 들어 어떤 포장 식품을 슈퍼에 납품하여 판매 촉진을 기할 수 있는 기획을 명령받았다고 하자. 기획자는 생각만으로는 현장에 맞는 기획을 수립할 수 없다고 판단, 슈퍼를 집중적으로 방문하여 책임자나 매장 팀장, 그리고 그곳에서 만나는 소비자들의 생생한 소리를 들었다. 그 결과 얻은 중요한 기획의 단서는 매장에서 쉽게 눈에 띄지 않는다는 지극히 단순한 사실이었다. 손님이 그 상품을 구입하려고 슈퍼에 가도 상품이 눈에 띄지 않기 때문에 이 점포에서 취급하지 않는다는 생각에 구매를 포기하게 된다고 했다.

이 상태에서는 광고를 강화하거나 가격 인하, 또는 약간의 프리미엄을 붙이는 내용의 기획을 한다면 완전히 핵심에서 벗어난 기획이 되고 만다. 현장에서 얻은 정보를 바탕으로 이 기획의 중심 과제를 '매장에서 눈에 잘 띄게 한다' 는 것으로 정해서, 이를 기획 내용의 포인트로 다루어 크게 성공을 거두었다.

만약 기획을 담당한 사람들끼리 머리를 맞대고 연구하거나 기획자가 머릿속으로만 생각하는 것으로 기획을 했다면 포장 식품의 슈퍼를 대상으로 한 판매 촉진 기획의 초점은 맞지 않았을 것이다.

기획 아이디어를 얻기 위해 서점이나 도서관을 뒤져 자료를 찾아보는 것은 매우 중요한 사전작업이다. 하지만 그렇다고 책에만 의지해서는 좋은 아이디어를 창출할 수 없다.

사전 조사를 위해서 발로 뛴다는 자세가 가장 중요하다. 대중의 관심과 세상의 흐름을 읽어야 하며, 인문적인 바탕이 없이 실무기술적인 지식만 잔뜩 쌓는 태도는 기획자로서 바람직하지 못하기 때문이다.

문 65 새로운 아이디어를 떠오르게 하려면 어떻게 해야 합니까?

답 고정관념이나 편견을 버리는 발상의 전환에서 새로운 아이디어가 떠오른다. 먼저 무엇이 문제인지 원점으로 돌아가 생각하는 게 좋다.

해설 기획에서는 특히 '사고 발상의 전환' 이 강조되고 있다. 그러나 어떤 상황에 안주하고 있으면서 발상을 바꾼다는 것은 그렇게 쉬운 일이 아니다. 그럴 때 우선은 현재 상황을 이탈해 보는 태도가 필요하다.

이를테면 산 속에서 길을 잃었을 때는 일단 처음의 자리로 돌아오는 것이 가장 좋다. 그리고 다시 지도를 보면서 새롭게 방향을 잡는 것이다.

무엇인가를 생각할 때도 마찬가지다. 발상을 함에 있어 무엇이 가장 중요할까. 그것은 '무엇을 요구하고 있는가' 를 되묻는 것이다.

지략에 뛰어난 명장으로 이름을 떨쳤던 한 장군의 발상법은 '사태의 요점은 무엇인가' 를 생각하는 것이었다고 한다.

"인간의 두뇌에 우열의 차이 같은 것은 없다. 요점을 파악하는 능력과 불필요한 것을 잘라내는 대담성이 문제다."

이것이 그의 신조였다. 우리가 어떤 문제에 사로잡혀 있을 때에도 문제의 핵심에서 벗어난 주변의 군더더기 때문에 허우적거리는 경우가 얼마나 많은가. 최근에는 구청에서 여러 가지 민원 처리 절차를 한 군데에서 처리할 수 있도록 하고 있다. 그러나 예전에는 호적 증명에 관한 것은 저곳, 가옥대장에 관한 것은 이곳이라는 식으로 시민들이 이리저리 쫓아다니며 일을 보아야 했다.

구청 입장에서 볼 때는 일하기 편하겠지만, 시민의 입장에서는 번거롭지 않을 수 없었다. 이러한 체제에서는 사무 개선을 꾀하려 해도 별다른 진전이 있을 수 없었다.

입장을 바꾸어 본다

그러나 이제 입장을 바꾸어 생각하게 된 것이다. '이 구청은 무엇 때문에 존재하는가'를 스스로 물어본 것이다. 구청은 물론 주민을 위해서 존재한다→주민들은 무엇을 원하고 있는가→창구의 절차가 번잡하지 않기를 바라고 있을 것이다.

그 결과 창구의 일원화를 생각하게 되었고, 이를 곧 실행에 옮겼을 것이다. 여기까지 일이 진행되었다면 벌써 발상의 전환은 이루어진 것이다. 구청이든 세무서든 처음부터 이러한 마인드를 가지고 있어야 했지만, 좀처럼 그 점에 생각이 미치지 못했었다.

생각한 사람이 간혹 있었다고 하더라도 요컨대 결단을 내리지 못했던 것이다.

무엇을 발명하거나 개량할 경우에도 이 '요컨대' 라는 발상이 커다란 역할을 한다. 어떤 사람이 얇은 성냥갑 같은 초박형 인감에 대한 실용신안을 냈다. 요컨대 도장에서 사용하는 부분은 어디인가. 그것은 문자가 새겨진 아주 일부분뿐이다. 나머지는 모두 그에 딸린 부속물이다. 글자가 새겨지는 부분만을 잘라 얇은 판에 붙인 다음, 이것을 얇은 케이스에 넣어 두면 휴대하기도 편리하고, 잃어버릴 염려도 줄어든다. 이런 식으로 주변을 둘러보면 대담하게 발상을 전환할 수 있는 것이 적지 않다.

우수한 기획서를 제출하고 싶다면 생각을 바꿔보라. 뛰어난 아이디어를 만들어 내고 싶다면, 안 된다고 하는 생각도 금물이다. 아이디어란 불가능한 것처럼 보이는 것을 가능케 하는 작업이다.

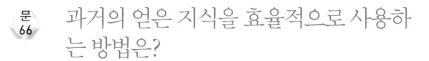

문 66 과거의 얻은 지식을 효율적으로 사용하는 방법은?

답 연상의 그물을 사용한다.

해설 연상 기법은 브레인스토밍에서 자주 활용되는 기술로, 자유로이 즐거운 분위기 속에서, 반사적으로 연상이나 공상의 날개를 펴서 생각을 이어나가는 기법을 말한다.

우리의 두뇌는 어떤 자극을 받으면 그것에 연관된 사항을 반사적으로 떠올린다고 하는 연상 작용이 있다. 그 연상 작용을 이용하여 문제에 공격을 가해 이질적인 힌트를 대량으로 끌어내는 방법이다.

즉, 연상의 사슬을 다각적으로 넓혀, 도약된 여러 가지 힌트를 짧은 시간에 생산하는 것이다.

이 방법은 창조성 개발을 위한 기초 기법으로서 널리 활용되고 있으며, 상식적인 고정관념을 타파하고, 발상적 사고 훈련에도 효과적이다. 그리고 자유분방한 태도가 강조되기 때문에 자기방위적인 벽을 허물고, 아이들과 같은 상상력을 발휘하는 것을 장려함으로써 서로 마음을 터놓고 아이디어를 발표하며, 참여의식이나 팀워크 향상에도 도움이 된다.

인간의 두뇌 속에는 과거에 얻은 지식이나 경험이 쌓여 있다. 만약 이들 지식과 경험을 자유롭게 활용할 수 있다면 소재에는 부족함이 없을 것이므로 좋은 아이디어가 얼마든지 나올 수 있을 것이다.

그러나 안타깝게도 이것들은 두뇌의 깊은 곳에 숨어 있어서 좀처럼 드러나지 않는다. 당신도 어떤 기억을 되살려 보려고 아무리 노력해도 끝내 생각나지 않았던 안타까운 기억이 있었을 것이다.

어제 저녁 식사의 반찬이 무엇이었느냐고 묻는다면 오래 기억하지 않아도 누구나 금방 대답할 수 있을 것이다. 그러나 작년 오늘 날짜의 저녁 식사는 무엇이었느냐고 묻는다면 대답할 수 있는 사람은 거의 없다. 1년이란 세월이 지나면 도저히 기억해 낼 수 없는 한계가 있기 때문이다.

그러나 누군가가 찾아왔다가 지금 비행장에 갔다 오는 길이라고 한다면, 비행기→제주도→해삼탕이라는 식으로 기억의 끈이 연결되어 '맞아! 작년의 오늘은 아내와 함께 비행기를 타고 제주도로 여행을 갔었지. 그날 저녁에는 호텔 근처의 식당에서 해삼탕을 맛있게 먹었어……' 하는 식으로 선명하게 기억이 되살아날 수도 있다.

시간이 지나면 흩어져 버리는 기억

이렇게 사람의 기억이란 일정 기간이 지나면 흩어져 버리지만, 교통 혼잡을 피하기 위한 우회 도로처럼 어딘가에 기억의 우회도로가 있어서 그곳을 자극하면 오래된 기억이라도 생각나는 성질을 갖는다.

이러한 우회도로의 역할을 하는 자극 재료로는 여러 가지가 있지만, 그중에서도 가장 친근한 것은 연상 작용이다. 연상은 두뇌 깊은 곳에 잠자고 있는 과거의 기억을 끄집어내는 데는 지극히 좋은 기능을 하는 열쇠다.

'우리 주변에서 둥근 모양을 하고 있는 것에는 어떤 것들이 있을까. 2분 동안에 될 수 있는 한 많이 적어 보도록 하라' 는 질문을 해보는 것이다.

갑자기 이런 질문을 받으면 막연하게 '뭐? 둥근 모양!' 이라고 중얼거리면서 열심히 생각을 해도 좀처럼 생각나지 않는다. 2개나 3개를 열거하는 것이 보통이다. 많이 생각해 내야 5개나 6개가 고작일 것이다.

그런데 생각의 방향을 좀 바꾸어서 아침에 일어나서 저녁에 잠자리에 들 때까지 자신의 일상을 되돌아보면서, 생각나는 것들 중에 모양이 둥근 것을 찾아보면 뜻밖에 많은 것을 찾아낼 수 있다.

아침에 일어나면서 하품을 한다→잔뜩 벌린 입은 둥글다→파자마를 벗는다→파자마를 벗어 놓은 모양이 둥글다→창을 열고 집안의 공기를 신선한 공기로 바꾼다→창밖의 태양은 둥글다 →……와 같이 둥근 것을 많이 연상해 낼 수 있다.

이렇게 연상 작용을 이용하면 필요한 과거의 데이터를 원하는 만큼 끄집어 낼 수가 있다.

기획을 위한 아이디어를 떠오르게 하려
면 어떤 방법이 좋습니까?

답 지속적으로 연구하고 계속 준비하라.

 해설 학교 성적도 시험 전날 벼락치기로 공부하는 사람보다 매일
쉬지 않고 예습과 복습을 하는 사람의 성적이 좋다. 벼락치기
공부에는 당연히 한계가 있기 때문이다.

기획 아이디어도 마찬가지다. 벼락치기로 하는 것보다 매일
꾸준히 준비와 연구를 거듭하는 편이 바람직하다. 그렇게 하는
것이 훨씬 즐겁고, 효율적으로 기획 입안을 진행해 갈 수 있다.

일상의 준비란 막연한 공부가 아니라 의식적이고 계획적으로
진행하는 계속적인 연구나 준비 또는 연습을 가리킨다. 대체로
계속이라는 꾸준함은 무서운 힘을 발휘하는 법이다.

누구나 자기의 직업이나 직무를 갖고 있다. 따라서 필요로 하
는 기획력은 주로 자신의 직업 내지 직무의 범위로 한정되게 마
련이다. 예를 들어 자신의 직무가 신제품 개발의 기획 부문이라
면, 평소 일상생활 속에서 다음과 같은 정보 수집과 지식 흡수를

쉬지 않고 계속해야 한다.

첫째, 자사 및 경쟁 기업의 제품과 기술.

둘째, 과거와 현재 그리고 장래의 상품 및 기술의 동향.

셋째, 해외 기업의 제품 및 기술의 동향.

넷째, 학회, 연구 기관 등의 관련된 기술과 이론의 동향 및 주변 기술과 이론의 동향.

다섯째, 과거와 현재에 걸친 제품의 판매 상황과 문제점, 그리고 그 변화 전망.

여섯째, 과거와 현재의 영업 포인트, 판매 성공의 이유와 실패의 이유.

일곱째, 판매 채널의 제품이나 서비스에 대한 불만이나 요구.

여덟째, 다른 업계나 유사 업계의 관련 제품이나 기술 및 유사 제품이나 기술의 개발 현황.

정보수집의 방법

정보를 수집하거나 지식을 흡수하는 방법으로는 다음과 같은 것이 있다.

① 경제지나 전문지, 업계 소식지 등의 스크랩.

② 전문 잡지, 관련 잡지의 스크랩 또는 발췌.

③ 관련 도서, 학회 리포트의 수집.

④ 경쟁 제품 및 주변 영역 제품에 관한 카탈로그, 시방서, 세일즈 안내서 등의 수집.

⑤ 관련 세미나의 출석.

⑥ 전시회, 전람회의 출석.

⑦ 관련 부문의 상품 및 기술, 그리고 판매에 관한 전문가와의 의사 교환.

이러한 방법으로 수집한 정보나 힌트, 그때그때 떠올린 아이디어 등을 모아 스크랩하거나 카드에 메모하여 정리한다.

이때 사전에 스크랩이나 메모의 대상 범위를 너무 한정하지 말아야 한다. 자신의 직무 범위나 흥미 범위를 넓게 잡아서 '무엇인가 도움이 될 것 같다' 든가, '무엇인가 끌리는 데가 있다' 고 하는 뉴스나 정보 등은 모두 모아놓도록 한다.

'무엇인가 끌리는 데가 있지만, 이론적으로 보아 별로 중요하지 않다' 고 해서 버린 정보에 참신한 아이디어가 숨어 있는 경우가 많다. 그러므로 '큰 실수를 했군. 그것도 스크랩해 두는 것이었는데…' 하고 후회하지 않도록 자료는 욕심을 부려 모아두는 것이 좋다.

모은 정보나 지식 등은 반드시 한 항목씩 정리해 놓아 쉽게 눈에 띄도록 해야 한다. 차곡차곡 쌓아두어서는 아무 쓸모가 없다.

문 68 기획 테마를 위해 힌트를 얻는 방법은 무엇입니까?

답 신문이나 잡지에서 테마별로 스크랩을 하는 것도 기획 테마에 힌트를 얻을 수 있는 좋은 방법이다. 이 때 정보를 활용해 보고 싶은 마음이 솟구칠 것이다.

해설 스크랩이나 메모를 펼쳐놓는 것은 자유롭게 조합해 보거나 순서를 맞추어 보고, 그 중 어떤 것을 빼낼 수 있어서 매우 좋은 방법이다.

또한 인상적으로 분류해 놓는 것은 기획 테마에 관해 인상적으로 관계가 있을 것 같은 분류 속에서 가장 많은 힌트나 아이디어를 얻을 수 있기 때문에 좋다.

아이디어나 힌트는 정연한 이론보다 다분히 감각적이고 영감적인 요소를 갖는 것이므로 분류도 논리적인 것보다는 인상적인 것이 사용하기 쉽고, 도움도 된다.

영업 기획 분야에 종사하는 사람이라면 인상적인 분류의 표제로는 판매 촉진 관계, 광고 관계, 거래처의 행사 관계, 해외 정보나 경쟁 기업 관계, 신상품 관계, 손님 접대 관계 같은 것이 있을 수 있다.

신문은 경제 관계 전문지와 업계지가 각각 1부씩이면 충분하다. 잡지는 전문지나 업계지 1권 정도를 중심으로 스크랩하고, 그 다음은 평소 업무를 진행하며 얻은 정보나 세미나에서 들은 내용을 써놓은 것을 모아 나간다.

전문서적은 매월 한 권쯤 독파하는 것이 바람직하다. 특히 전문서는 그 분야에 관한 학문적 깊이를 더하게 할 뿐만 아니라 그것을 읽고 있는 사이에 기획 아이디어의 힌트가 떠오를 수도 있다. 이러한 노력을 1~2년 동안 계속하면 스크랩을 위해 자료를 잘라 내거나 메모하는 요령도 터득하게 되고, 습관이 되면 특별한 부담 없이 계속해 나갈 수 있다.

전문지식이나 정보가 충실하면 기획에 자신감이 생긴다.

이렇게 해서 전문적인 지식이나 정보가 충실해지면 기획에 대한 자신이 생긴다. 자신이 수집한 지식이나 정보를 구체적으로 기획에 활용해 보고 싶은 마음이 생기고, 도전 의욕이 용솟음치게 된다.

이러한 것은 기획자에게 무엇보다 중요한 자세이다. 기업 입장에서도 될 수 있는 한 이렇게 적극적인 자세를 갖는 인재를 육성해 가는 것이 바람직하다. 이를 제도적으로 뒷받침해 주기 위해 개인이 스크랩하는 전문지의 대금 정도를 회사가 지원해 주는 제도를 설치하는 것도 바람직하다.

어떤 기업에서는 개인이 산 전문 서적이나 업계 관련 서적 등을 읽고 독후감이나 회사에 제안하고 싶은 글을 써서 인사과에 제출하면 그 금액을 지급하는 제도를 마련해 놓고 있다.

회사에 따라서는 문화 지원비 명목으로 일정 금액을 사원들에게 보조하기도 하는데, 아무 보상 없이 이루어지는 것보다 이러한 장치를 하면 좀 더 효과적으로 운영할 수도 있을 것이다.

실제로 작업을 진행해 보면 알겠지만, 정보를 수집하는 단계에서는 그저 그런 정도라고 생각했던 스크랩 한 조각이 훌륭한 기획 아이디어를 제공하는 경우가 많다.

기획 테마와 관계가 있을 것 같은 내용을 모은 스크랩이나 메모 카드를 봉투에서 꺼내 한 장씩 읽어보거나, 이에 따르는 발상을 메모하고 조합해 보는 과정에서 아이디어나 힌트, 또는 기획 전체의 이미지나 구조 같은 것을 구상하게 된다. 그러한 노력은 즐거운 일이며, 의욕을 스스로 고양시키는 결과를 만든다.

 문 69 도움이 되는 아이디어 발상법은 어떻게 구합니까?

답 이 방법을 활용하는 원리는 다음과 같다.

① 한 사람보다 여러 사람일 때 제기되는 아이디어 수가 많아진다.

② 아이디어 수가 많을수록 질적으로 우수한 아이디어가 나올 가능성이 많다.

③ 아이디어는 비판이 가해지지 않을 때 더욱 많아진다.

 해설 미국의 광고회사 부사장 알렉스 F. 오즈번이 제창한 브레인스토밍법은 일정한 테마에 관하여 회의 형식을 채택하고, 구성원의 자유발언을 유도하여 아이디어를 제시하도록 함으로써 보다 다양하고 기발한 발상을 찾아내려는 방법이다.

이 방법을 활용하는 원리는 다음과 같다.

① 한 사람보다 여러 사람일 때 제기되는 아이디어 수가 많아진다.

② 아이디어 수가 많을수록 질적으로 우수한 아이디어가 나올 가능성이 많다.

③ 아이디어는 비판이 가해지지 않을 때 더욱 많아진다.

브레인스토밍에서는 어떠한 내용의 발언이라도 그에 대한 비판을 해서는 안 되며, 오히려 자유분방하고 엉뚱하기까지 한 의견을 출발점으로 해서 아이디어를 전개시켜 나가도록 해야 한다.

우수한 기획 아이디어를 얻을 수 있는가의 여부가 기획의 내용을 결정하고, 기획자의 능력을 가늠한다. 따라서 모든 기획자는 좋은 기획 아이디어를 얻기 위해 여러 가지 연구를 하고, 훈련을 거듭해 간다.

여기서 '우수한 발상법은 없는가' 하는 데에 생각이 미치게 된다. 왜냐하면 기획 아이디어를 위한 효과적인 발상법이 있다면, 그것을 배우고 숙달함으로써 기획자로서의 능력을 높일 수 있기 때문이다. 실제로 어떤 구체적인 주제에 관해 여러 가지 발상법을 실험해 보지 않는 이상, 어떤 발상법이 가장 좋은지 알 수가 없다.

과연 어떠한 주제에 관해서 압도적으로 어떤 발상법이 좋다는 공식이 성립할 수 있는 것인가. 또한 테스트에서 가장 강한 발상법이라고 입증되었다 해도 실제로 기업이라는 복잡한 실천무대에서도 똑같이 강력한 힘을 발휘할 수 있는 것일까.

기획은 실적을 끌어내는 프로그램이다

기획이란 단순한 생각이 아니라 성과와 실적을 이끌어 내는 프로그램이며, 각각의 상황에 따라 전혀 다른 결과를 가져올 수 있는 것이다.

그렇다면 기획 아이디어의 발상에 사용할 수 있는 실천적 발상법은 전혀 없는 것인가. 결코 그렇지는 않다. 단지 '이것만이 완전한 방법이다' 하는 것이 없을 뿐이다.

발상이란 정보의 조합이다. 바탕이 되는 정보는, 발상을 내놓은 사람의 머릿속에 어떠한 형태로든 축적되어 있는 지식이나 경험 등의 정보와, 외부에서 얻게 되는 뉴스, 힌트, 착상, 사실 등의 외부 정보다. 이것들은 개인 또는 팀이 가공, 변형, 취사, 조합시켜 착상을 낳고, 발상으로 성숙되어 간다. 그 결과 얻어지는 발상이라는 이름의 정보가 독특하고 탁월한 것이라면 뛰어난 기획의 원천이 되는 것이다.

이러한 기획의 원천을 살펴보면 '발상에 강해지는 법'은 분명해진다. 그것은 비법이 아니라 원리이며, 연구라기보다는 훈련이라는 결론이 나온다. 발상을 잘 하기 위해서는 이처럼 발상의 원리를 터득하고 훈련을 하는 것이 바람직하다. 그리고 항상 두뇌를 활성화시키려는 노력이 필요하다. 한두 권의 책을 읽는다고 해서 갑자기 아이디어 창출에 강해지는 마법의 지팡이는 없음을 알아야 한다.

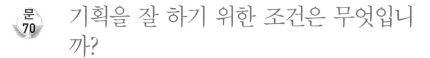

문 70 기획을 잘 하기 위한 조건은 무엇입니까?

답 기획이 필요한 이유와 어떤 이점이 있는지 등을 철저히 규명하는 자세가 필요하다. 어떤 문제를 해결하기 위한 기획인지 원인을 규명해야 한다.

해설 어느 도료 제조회사가 신제품을 내놓았는데, 불과 2~3개월 만에 클레임이 발생했다. '매장에 진열 판매하는 동안에 변색이 된다'는 것이다.

이는 보통 일이 아니므로 서둘러 대책 회의가 열렸다. 일단 전 제품을 회수하고, 변색 원인을 알아낸 후 변색되지 않는 신제품을 긴급히 개발한다는 방침이 내려졌다.

전 제품에 대한 회수 명령은 영업부에 떨어졌다. 그러나 도매상까지의 출고 현황밖에는 파악되지 않았다. 도매상을 통해 회수하려면 시간이 오래 걸릴 뿐만 아니라 성과도 불확실했다. 반면에 도매상에서 출고한 내역을 갖고 회사에서 직접 회수를 한다면 엄청난 인원과 경비가 소요될 것이었다. 이때 한 직원이 질문을 던졌다.

"출고되어 있는 도료 중 몇 퍼센트 정도가 변색되었습니까?"

아무도 대답하지 못했다. 누구도 구체적으로 현장을 조사해보지도 않고 큰일 났다고 야단법석을 떨며 대책회의부터 했던 것이었다.

일단 현장에 나가보자는 제의에 따라 직원들은 구역을 나누어 각지로 흩어졌다. 현장 확인을 통해, 변색은 극히 일부 제품에서만 일어났다는 사실이 확인되었다.

따라서 일단 전제품의 회수는 중지하고 변색의 원인을 먼저 규명하기로 했다. 변색된 도료들을 살펴보니 표면에 기름기가 많이 섞인 먼지가 부착되어 있었다. 이 먼지를 걷어내자, 변색되지 않은 도료의 표면이 드러났다.

기획에는 여러가지 발상법이 있다

또한 도료의 변색이 발생한 점포를 지도에 그려보았더니, 모두 자동차의 교통량이 많은 주요 도로변에 위치했다. 즉, 자동차의 배기가스가 섞인 먼지가 표면에 달라붙어 있었던 것이었다.

따라서 전 제품을 회수하거나 긴급하게 신제품을 개발할 필요가 없게 되었다. 대신 교통량이 많은 도로변에 위치한 상점에 출고하는 제품은 포장에 신경을 좀더 쓰거나, 케이스에 넣고 용기 표면을 가끔 닦아주기만 하면 되었다. 결국 모든 제품을 투명 비닐로 포장하는 것으로 이 문제를 해결하게 되었다. 만약 현장을 확인하지 않았다면 변색에 관한 대책을 그대로 진행했을 것이다.

기획에는 여러 가지 발상법이 있지만, 여기에는 중대한 함정이 있다. 아무리 힌트를 주어 자극해도 머릿속에 들어 있지 않은 정보는 나올 수 없다는 점과, 기획을 필요로 하는 현장의 상황과는 동떨어진 가능성이 있다는 점이다.

특히 현장에 대한 세심한 관찰과 파악은 기획에 있어 기초가 되므로 세심한 주의가 필요하다. 먼저 왜 기획을 필요로 하는지 철저하게 규명해야 한다. 만일 당신이 어떤 기획을 의뢰받았다면, 하도급 업체와 충분한 상담을 통해서 클라이언트가 무엇을 원하는지, 요구점이 무엇인지를 분명히 파악하는 것이 반드시 필요하다.

기획에 앞서 자료조사 및 시스템에 대한 정확한 분석을 얼마나 했느냐, 그리고 행동력에 따라 기획의 질은 천차만별로 달라질 수밖에 없다.

이기는 기획의
힌트 찾기

문 71 아이디어 발상에는 어떤 방법이 있습니까?

답 아이디어의 발상은 두뇌를 중심으로 기획 아이디어를 생각해 내는 방법과 외부 정보에서 아이디어를 읽어내는 두 가지 방법이 있다.

해설 기획의 핵이 되는 아이디어의 발상은 크게 두 가지로 나눌 수 있다.

첫째, 이론이나 경험 등 자신의 머릿 속에 있는 정보와 외부에서 수집한 정보를 기초로 하여, 이를 취사, 가공, 변형, 조립해서 힌트나 영감을 얻어서 이를 아이디어라고 할 수 있는 수준까지 숙성시켜 나가는 방법이다.

둘째, 기획 주제에 관한 현장의 상황을 객관적으로 관찰하고, 현장에 있는 현재적이고 잠재적 사실 및 욕구(적극적이고 긍정적인 것뿐만 아니라, 불평·불만·불안이라는 부정적 욕구를 포함한 것)를 채취하고 그들 사실이 말하는 바를 파악하고 감지하며 통찰하는 과정에서 착상을 마무리해 아이디어까지 끌어올리는 방법이다.

전자는 자기 머리를 중심으로 기획 아이디어를 '생각해 내는'

방법이고, 후자는 현재의 사실들이 말하는 바로부터 기획 아이디어를 '읽어내는' 방법이다.

어느 편이 적절한가를 일률적으로 정할 수는 없다. 기획의 주제에 따라서 달라지기 때문이다.

예를 들어 신제품 기획, 판매 촉진 기획, 해외 사업 기획, 클레임 처리 기획 등과 같이 거래처나 지역성 등에 밀착된 기획인 경우에는 처음부터 자신의 머리로 생각하려 하지 말고, 제일 먼저 현장을 관찰하고 상황을 정확히 파악하는 것이 중요하며, 더불어 현장의 참된 욕구를 감지하는 과정이 반드시 필요하다.

연상을 파악한 후 두뇌에 의한 기획을 한다

이렇게 현장을 파악한 후에는 자기 두뇌에 의한 기획 아이디어 발상 작업으로 들어가는 순서가 가장 이상적이다. 이 경우에 문제되는 것은 현장의 사실이나 심리 상황의 관찰 및 그 파악력과 흩어져서 파악한 상황이나 사실(현장 데이터)의 정리 방법이다.

이를테면 선진국에서 개발 국가에 대한 원조 기획을 할 경우, 종교상의 이유로 쇠고기를 먹지 않는 나라에 선진국에서 많이 소비되는 쇠고기 통조림을 대량 원조했다면 그 원조 기획은 어떻게 평가받을 것인가. 이와 같이 현장의 상황을 정확히 판단할 수 없는 상대방에 대한 기획은 무엇보다도 현장에 대한 정확한 파악이 우선되어야 하는 것이다.

사람들은 스스로 잘 알고 있다고 생각하지만, 뜻밖에도 상대방의 상황이나 심리를 제대로 파악하지 못하고 있는 경우가 많다. 계속 거래하고 있는 도매점이나 소매점에 대해서조차 그 상황이나 심리를 정확히 파악하고 있는 제조회사가 과연 얼마나 될 것인가.

상대방의 상황이나 심리와 유리된 기획은 밀어붙이는 기획이 되어버리기 쉽기 때문에 오히려 역효과만을 가져올 뿐이다. 더욱이 오늘날과 같이 격변하는 상황에서는 상대방의 생각이나 희망도 항상 변하게 마련이다. 그러므로 이런 변화를 정확히 파악한 기획이 아니면, 결코 효과적인 기획이 될 수가 없다.

아마 당신의 사정은 조금도 고려하지 않은 영업사원의 방문을 받았던 경험이 있을 것이다. 그러한 영업 방식은 고객의 호응을 얻지 못하는 것과 같은 이치다.

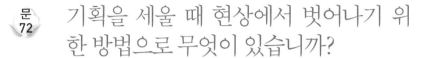

 문 72 기획을 세울 때 현상에서 벗어나기 위한 방법으로 무엇이 있습니까?

 답 현상에서 벗어나기 위한 구체적인 방법으로는 가설을 세운다, 꿈을 꾼다, 공상한다, 구상한다 등 여러 가지 방법이 있다.

해설 현대의 직장인과 비즈니스맨의 가장 큰 관심은 성공적인 아이디어, 기획, 기획서 작성법, 프레젠테이션법이 되었다.

현상을 좇는 형태가 아닌 독특한 기획, 질적으로 차원이 다른 기획을 원하는 경우에는 어떠한 형태로든지 현재 갖고 있는 지식이나 고정관념에서 벗어나 비약을 시도해야 한다.

멋지게 비약한다면 '훌륭한 기획' 이라는 찬사를 받겠지만, 실패한다면 '말도 안 되는 기획' 으로 전략하고 말 것이다. 발상을 비약시키려면 비약 훈련을 쌓아 비약법에 숙달되어야 한다.

현상에서 벗어나기 위한 구체적인 방법으로는 가설을 세운다, 꿈을 꾼다, 공상한다, 구상한다고 하는 여러 가지 방법이 있는데 어느 것이나 비슷한 것처럼 보이지만, 의식적으로 이런 탈각의 세계에 들어가는 훈련을 쌓아가면 그 결실을 맺을 수 있는 가능성이 커진다.

가설이란, '만약 이런 것을 할 수 있다면, 만약 무엇 무엇이 이렇게 되어 있다면……' 하는 가상의 전제를 만드는 것이다.

꿈은 반드시 밤 중이 아니어도 꿀 수 있다. 그 사람의 소망이나 기대, 공포나 불안이 지나칠 때 그것이 현실과 뒤섞이게 됨으로써 꾸게 되는 것이다.

공상이나 상상 또한 일종의 가설을 만드는 것이다. '이러한 것이 있다면……, 여기가 이렇게 되어 있다면……' 하는 상상 속에서 아이디어의 비약이 이루어지는 것이다.

고정관념이나 제약을 벗어날 때 웅장한 기획이 나온다

현상의 고정관념이나 제약에서 벗어나 기획 주제에 관한 웅대한 꿈을 꾸거나, 전혀 차원이 다른 가설을 설정해 보면, 기획 아이디어가 튀어나올 수 있는 가능성이 높아진다.

지금까지 이루어진 획기적인 모든 발명도 꿈이나 가설을 집요하게 물고 늘어져서 이룩된 것이 대부분이다. 예를 들면 '새처럼 하늘을 날고 싶다'는 꿈이 비행기를 발명하게 했고, '멀리 떨어져 있는 사람과도 자유롭게 대화를 나누고 싶다'는 꿈이 전화의 발명을 이룩한 것이다.

그러므로 당신도 기획을 입안해야 할 경우에, 때로는 이러한 가설이나 상상, 구상의 세계에서 힌트를 찾아내는 질적인 비약에 도전해 보는 것은 어떨까.

어느 화학회사에서는 매상을 배로 높이는 것에 관한 기획을 세울 때, 사원들로부터 여러 가지 희망사항들을 제안하도록 했다.

그중에 '모든 사원이 해외여행을!' 이라는 것이 있었는데, 기획실에서는 이 꿈을 실현시키는 데 소요되는 비용을 먼저 계산한 뒤, 이 금액이 가능한 매상과 이익을 계산했다.

이를 지역별 · 상품별 등으로 나누어 목표값을 정한 뒤에, 이를 달성한다면 전 직원에게 해외여행을 할 수 있도록 하겠다는 공약을 내걸고 생산 및 판매 부문에 호소했다.

그 결과, 각 영업소와 생산라인은 이 목표에 대하여 의욕적으로 도전했다. 판매 증진에 대한 여러 가지 기획안도 자주적으로 제안되어 실행되었을 뿐만 아니라, 기필코 이 목표를 이루고야 말겠다는 강한 집념으로 모두가 한 덩어리가 되었다.

이리하여 처음에는 꿈이라고 생각되었던 전 사원의 해외여행은 실현되었다.

혼자서 하는 기획도 의미가 있지만, 많은 사람들이 공동의 목표를 가지고 기획을 하는 경우는 부족한 1퍼센트를 다른 사람이 채워줄 수 있다는 점에서 이점이 있다.

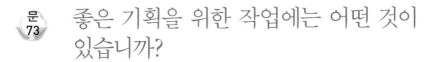

문 좋은 기획을 위한 작업에는 어떤 것이
73 있습니까?

답 좋은 기획을 위한 작업은 크게 두 부분으로 나뉜다. 분석과 전략이라는 것이다.

해설 기획을 위한 활동의 결과로서 조사된 내용을 더욱 작은 단위로 나누거나 때로는 서로 다른 내용을 결합하는 활동은 분석이며, 분석을 통해 도출된 내용을 기획 전략과 실행 방안으로 표현해 내는 활동은 전략이다.

좋은 기획이란 분석과 전략이라는 큰 틀 속에서 어떠한 순서와 얼마만큼 구체적인가가 관건인 것이다.

가설을 세우고, 꿈을 접목시켜 기획에 관한 신선한 발상을 한다는 것은 현상으로부터 비약, 그리고 현상의 부정이 따라야 하기 때문에 누구나 간단하게 실행할 수 있는 일은 아니다.

보통 '그런 것은 될 턱이 없다, 그런 것은 생각할 수도 없다' 는 현상 유지의 발상에 발이 묶이기 쉬운데, 기회가 있을 때마다 대담하게 도전해 보는 용기가 필요하다.

최근 이러한 상상력과 구상력을 바탕으로 한 꿈같은 기획력에 의해 해저에 기름을 저장하는 탱크나, 남극 관광 여행 등이 현실화되고 있다.

누군가가 이런 것을 실현하면 그때서야 '아하, 그런 방법도 있었구나' 하고 새롭게 인식한다. 그러나 모름지기 기획자라면 아무리 어려운 기획 주제에도 꿈을 실현시킨다는 의욕을 가져야 한다.

미국의 한 기업에서는 알래스카에 있는 공장에 거래처와 고객들을 초대해서 신제품 발표회를 갖기로 했다. 신제품이 대형 산업기계였기 때문에 실물을 뉴욕 등지에서는 전시할 수 없었기 때문에 거래 대상 회사의 사장들을 알래스카 공장으로 초대하게 된 것이다.

이러한 경우에는 대개 불참하거나 대리인을 보내기 때문에, 준비에 많은 비용이 드는 데 비해 그 효과는 크지 않을 가능성이 높다는 점에 의견이 모아졌다. 그래서 어떻게 하든 본인이 북극에서 열리는 신제품 발표회에 참석하도록 하는 기획을 세우게 되었다.

기획회의에 참석하라

기획 회의에서는 '아무래도 이번 기획은 무리인 것 같다' 는 분위기가 팽배했다. 그때 한편에서 '현상에 얽매이지 말고, 편하게 공상을 해보자' 는 제안이 나왔고, 사람들은 꿈같은 생각들을 쏟아냈다.

한 사원은 '북극에 와서부터 돌아갈 때까지 꿈같은 황홀한 여행'을 상상했고, 다른 사원은 '손님들을 밧줄로 묶어 끌고 다닌다'는 잠꼬대 같은 제안도 했다. 이러한 꿈같은 이야기를 일일이 칠판에 적으면서 토의했다.

한 사원은 '이 정도라면 꼭 올 것 같다!'는 확신을 피력하면서 비행장에서부터 미인을 동승시켜 안내시킴으로써 자신이 극진한 대접을 받고 있다는 생각을 하게 하자는 제안을 했다.

또 다른 사원은 '초대받은 분에 알맞은 초호화 상품과 북극이 아니면 느낄 수 없는 어른들을 위한 놀이'를 제안했다. 모두 '손님을 꿈과 같이 모시자'는 기획 주제를 놓고 토의하는 과정에서 나온 제안들이었다.

이 '신제품 발표회'는 비행장에서부터 성과를 올릴 수 있었다. 처음부터 분위기가 매우 고조되었고, 본 적이 없는 상품에 대한 흥미진진한 내용으로 전개되었으며, 기대 이상으로 신제품에 대한 평판도 좋았으며, 예상보다 주문 또한 쇄도했다.

이처럼 기획에 화려한 '꿈'을 불어넣는 의욕을 가져보는 것도 매우 좋은 방법이다.

우수한 기획의 특징은 ① 목표가 명확하다 ② 분석이 과학적이다 ③ 숫자를 효과적으로 활용하고 있다 ④ 내용이 치밀하며 구체적이다 ⑤ 예산을 확실히 밝히고 있다는 점이다.

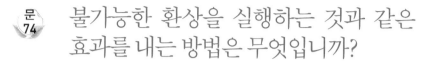

문 74 불가능한 환상을 실행하는 것과 같은
효과를 내는 방법은 무엇입니까?

답 실행 불가능한 착상이라도 실행한 것과 똑같은 효과를 발휘하게 하는
방법이 있다. 착상을 변형시키는 발상력이 있으면 가능하다.

해설 불현듯 스치는 전략 아이디어를 훌륭한 기획으로 바꾸어 놓
는 것도 커다란 능력이다. 미국의 한 기획자는 이렇게 말했
다.

"기획은 천재적인 광고 아이디어를 하나의 과정으로 제도화
하고자 하는 시도에서 생겨났다. 요즘에는 그런 천재적인 아이
디어가 별로 없는 것 같다. 다만 문제를 직시하고 해결하려는 의
지만으로 훌륭하다고 할 수 있다. (…) 아이디어를 이리저리 다
듬은 다음 잘못된 점을 걸러내면 훌륭한 기획이 탄생한다."

기획의 내용은 기획 아이디어의 수준에 의해 거의 결정되어
버리지만, 아무리 뛰어난 기획 아이디어라도 이를 실행하는 실
행력이 없다면 상상의 이야기로 끝나버린다.

실행력이 강한 기업은 극히 수준이 높은, 어려운 기획이라도
실행해 내는 힘을 갖고 있는 반면, 실행력이 떨어지는 기업은 별

249

로 어렵지 않은 기획조차 실행해 내지 못하는 경우가 많다.

어느 기업에서 상품 매출을 위한 광고 기획을 세우는 토의 과정에서 '대통령을 광고에 등장시킨다면!' 이라는 아이디어가 나왔다.

대부분의 기업은 불가능한 일이라고 포기했다. 착상이 보잘 것 없어서가 아니라, 대통령이 매스컴을 통해 특정 회사 제품을 선전해 준다면 그보다 근사한 일은 없겠지만, 다만 그 실현 가능성이 미약했기 때문이었다. 그러나 기획력이 뛰어난 기업은 광고에 실제 대통령이 등장했는지조차 관계자들이 눈치 채지 못하게 하는 기획을 생각해 낼지도 모른다.

기획력과 실행력은 기업을 이끄는 두 바퀴

이렇게 기획력과 실행력은, 기획에 있어서 두 개의 수레바퀴와 같은 관계가 형성된다. 따라서 기업으로서는 이 두 바퀴를 조화롭고 강하게 만들어야 한다.

만약 기획력보다 실행력이 약할 때는 좋은 기획이 실행되지 못한 채 사장되고, 반대로 실행력보다 기획력이 약할 때는 모처럼의 실행력이 활용되지 못하는 결과가 되어버릴 수도 있다.

실행력, 즉 기획을 현실화시키는 단계로 이끌어가는 것도 일종의 기획력이라고 할 수 있으므로, 뛰어난 기획력과 발상력을 가졌다면 어떠한 기획이라도 실현시킬 수 있는 방법을 찾아내야 한다.

　물론 현실적으로는 좀처럼 그렇게 되지 못하는 경우가 많다. 그래서 어느 한쪽의 수레바퀴라도 제약을 받으면, 기획은 제자리를 맴돌게 된다. 대통령의 광고 출현은 이렇게 실현되었다. 소비자들이 진짜 대통령으로 착각할 만큼 대통령과 닮은 사람을 찾아내어 광고를 찍은 것이다.

　착상은 미국 대통령이었지만, 기획 아이디어를 통해 대통령을 닮은 사람이라고 하는 변형이 이루어졌던 것이다. 이렇게 착상을 변형시키는 발상력이 있다면 실행 불가능한 착상도 실행시킬 수 있고, 실행한 것과 같은 효과를 내는 기획으로 발전시킬 수가 있다.

　착상 단계에서 불가능한 내용이라고 쉽게 포기하면 모처럼의 뛰어난 발상이 아이디어로 발전하지 못한 채 사라져 버리게 된다. 그러므로 불가능하다고 생각되는 착상이라도 강력하게 추진할 때에 비로소 우수한 기획 아이디어가 될 수 있음을 기억하라.

문 75 우수한 기획이 되는 조건은?

답 우수한 기획이 되려면 기획자만 차이 있다고 생각해서는 안 된다. 기획 대상이 되는 사람들이 의미 있는 차이로 받아들이고 동조해야 한다.

해설 우수한 기획이란 기획 효과가 높은 기획을 말한다. 기획 효과란 기획 의도에 대한 효과이며, 효과는 기획을 실행했을 때의 실적으로 측정할 수가 있다. 효과가 높은 기획이란 투자한 비용에 비해 효과비가 큰 것을 말한다.

여기서 효과비란 투자비용 1단위(이를테면 100만 원)당 효과를 금액으로 측정 내지 추정해 볼 때 10배라든가 20배(1천만 원 상당, 2천만 원 상당)라는 비교이다.

우수한 기획자는 이 기획 효과와 효율이 높은 기획을 수립할 수 있는 사람이다. 즉, 최소 투자로 최대의 이익을 올리는 사람인 것이다.

가장 바람직한 기획이란 한마디로 말한다면 기획 대상자, 수용자가 강력한 소구력(소비자 구매력)을 갖고 기획에 대하여 강한 동조성과 추종성을 갖는 기획을 말한다.

그렇다면 기획에 대한 소구력과 동조성은 어떻게 얻을 것인 가를 보자.

기획에 대한 흥미나 관심, 동조, 공감 등을 유발시키는 것으로, 기획의 소구 대상자가 대량 또는 연속으로 기획 의도대로 행동해 준다면 그 기획은 큰 성공을 거두게 될 것이다.

화장품 등에서는 그 상품의 내용이나 구성에 대한 강력한 홍보와 소구를 기획하고, 광고 음악도 크게 신경 써서 대중음악처럼 크게 유행시킬 콘셉트를 정한다.

그러면 젊은 여성의 관심이 쏠리게 될 것이다. 젊은 여성의 심리나 행동, 유행 현상에 대한 대응성 등을 충분히 연구한 다음, 광고 문안이나 TV 광고, 광고 음악 등을 최고 수준으로 기획, 제작하여 홍보함으로써 강력하고 새로운 화장의 경향을 창출해 내기 때문이다.

기획의 소구력과 종래의 것과 차별해야 한다

이때 기획의 소구력은 종래의 기획과의 차별성을 두어야 한다. 차별화된 차이가 없으면, 새로운 반응을 형성할 수 없기 때문이다. 또한 이 차이는 소구 대상자의 입장에서 '의미 있는 차이'로 받아들여져야 한다.

소구 대상, 즉 기획 대상이 되는 사람들이 '이것은 무엇인가 다른데……' 라고 생각할 정도의 큰 차이여야 한다. 인간은 의미 있는 차이에 반응하는 성질을 갖고 있기 때문이다.

아무리 뛰어난 기획이라도 같은 것을 계속 반복하면 차이를 느낄 수 없게 되고, 지루하게 만성화되면 아무 반응을 하지 않는다. 참신하고, 전혀 다른 각도에서의 기획을 실행할 때에야 비로소 새로운 반응을 나타내게 된다.

그러나 기획자만이 주관적으로 차이가 있다고 생각하고, 소비자나 클라이언트는 전혀 차이를 느끼지 못한다면 이 또한 아무 소용이 없다. 따라서 기획자는 자신의 기획이 지니고 있는 의미 있는 차이가 어떠한 점인가를 정확히 판단하고 인식해야 한다.

소비자의 반응이 없는 제품은 무용지물일 뿐이다. 기획자 측에서 아무리 훌륭한 기획이라 판단하고 아무리 많은 비용을 들여 제 아무리 제작 공정에 온갖 심혈을 기울였다 해도, 그것은 심하게 말하면 쓰레기밖에 안 된다.

기획이란 어차피 무엇인가를 만들어 낸다는 것을 전제로 한다는 점에서, 소구 대상자의 호응을 받아야 한다는 사실은 지극히 당연한 귀결인 것이다.

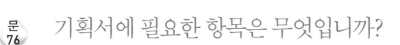

기획서에 필요한 항목은 무엇입니까?

기획안을 기획서의 형태로 마무리할 경우에는 다음의 항목들이 포함되어야 한다.

아무리 우수한 착상이나 독특한 아이디어에 의한 기획이라고 해도 입안자 혼자만 이해하고 만족하는 것은 기업 수준의 기획이 될 수가 없다.

상사나 동료, 그리고 기획 심의회 등의 회의에서 심의, 승인, 지지를 받아야만 비로소 기업 수준의 기획이 되어 실행될 수 있다.

따라서 기획자(기획팀)는 우수한 아이디어를 내는 것뿐만 아니라 이를 기획으로 마무리해서 조직에 제시하여 심의에 통과하고, 실행을 위한 강력한 지지를 얻을 수 있는 기획 입안 능력을 높이도록 노력해야 한다.

이를 위해서는 먼저 일반적인 기획안이 갖추어야 할 항목이나 조건, 그리고 기획서 입안 기술, 내용 표현 기술 등을 연마해야 할 필요가 있다.

기획안이 아무리 훌륭한 내용을 담고 있다고 해도 기획안을 검토하는 사람에게 그 가치를 인식시킬 수 있는 설득력을 갖지 못하면 아무 소용이 없다. 따라서 기획 입안 능력 못지않게, 그 내용을 효과적으로 이해시킬 수 있는 설득력도 중요한 의미를 갖는다.

기획서에 필요한 항목 12가지

기획안을 기획서의 형태로 마무리할 경우에는 다음의 항목들이 포함되어야 한다.

① 기획의 명칭(기획 테마)

② 기획자의 성명(팀의 이름)

③ 기획 작성 날짜

④ 기획 목적 및 기획 내용의 요약 설명

⑤ 기획 내용의 상세한 설명

⑥ 기획 실행을 위한 순서 및 계획서(시간, 인원, 비용, 작업 등의 계획표)

⑦ 기획의 기대 효과 및 예측 효과

⑧ 기획 입안의 경위 설명

⑨ 이 기획의 문제점에 대한 의견

⑩ 참고한 기획의 예, 문헌, 과거의 실시 예 등

⑪ 제2, 제3안이 있을 경우에 그 개요

⑫ 기획 실시에 관한 유의점, 요망 사항

간단한 기획서일 경우에는 위의 다섯 가지 정도로 충분하지만, 될 수 있는 한 실행하기 쉽도록 여섯 번째와 일곱 번째 항목을 추가하는 것이 효과적이다. 좀더 상세하게 기획안을 설명하기 위해서는 여덟 번째 이후의 항목이 필요하다.

왜 이러한 항목들이 필요한가.

기획서는 기획안을 다른 사람에게 설명해서 설득하고, 승인과 지지를 얻기 위한 것이기 때문이다.

기획자 자신은 자기가 세운 기획안을 기획서로 정리하는 과정에서, 알고 있다고 생각했지만 잘 모르고 있는 일, 예상 외로 중요한 조건들, 자기는 알고 있지만 상대에게 알리기 어려운 부분, 이상적인 조건과 현실적으로 가능한 조건 등을 다시 한 번 더 확인하는 기회가 된다.

내용이 부실한 기획서는 다음과 같은 것을 말한다.

① 기획의 목표가 애매하다.

② 추상적인 표현이 많다.

③ 목표를 구체적으로 제시하지 않았다.

④ 불분명한 표현이 많다.

⑤ 비용이 불명확하다.

⑥ 자료나 데이터가 부족하다.

⑦ 도표를 활용하고 있지 않다.

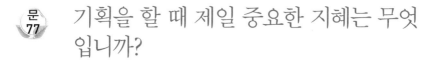

문 77 기획을 할 때 제일 중요한 지혜는 무엇입니까?

답 기획 수립에서 제일 중요한 지혜는 조금 덜 필요한 것을 과감하게 버리는 것이다. 적절한 포기와 체념으로 중요 포인트에 집중하는 것이다.

해설 기획 아이디어를 구체적인 기획안, 즉 실행 계획으로 마무리하는 데는 요령과 지혜가 필요하다. 가장 중요한 것은 '기획을 할 때에 과욕은 금물' 이라는 점이다. 여기서 과욕은 아이디어에 욕심을 부리거나, 목표에 욕심을 부리는 것을 가리킨다.

기획 주제에 관한 아이디어를 진지하게 생각해 가면 많은 착상이 나온다. 열심히, 진지하게 파고들수록 아이디어는 많아지는 법이다.

예를 들어 통조림 신제품 기획 회의 과정에서 다음과 같은 착상이 나왔다고 하자.

① 맛을 더 부드럽게 하자.

② 핵가족에게 적당한 양으로 만들자.

③ 통조림 특유의 냄새를 없앨 수는 없을까.

④ 최고급 요리는 통조림으로 만들 수 없을까

⑤ 내용물이 들여다보이는 통조림을 만들 수 없을까.

스스로 착상력이 부족하다고 생각하는 사람에게는 부럽게 보일지 모르지만, 진지하게 생각하며 착상을 하다 보면 아이디어나 제안은 무궁무진하게 나오게 되어 있다.

문제는 '모처럼 고안한 내용이므로⋯⋯' 이 착상들을 하나라도 더 많이 기획안에 도입하려고 욕심을 부리기 쉬워진다. 또한 기획에 대한 수많은 성과를 기대하게 된다.

그러나 지나친 욕심은 위험한 함정이다. 하나의 기획 속에 수많은 아이디어나 기대를 몰아넣으면 외관은 화려한 기획처럼 보이지만, 실제로는 어느 아이디어가 기획의 주체이고, 어떠한 효과를 기대하는지가 명확하지 않아 기획의 초점이 흐려지기 쉽다. 이것이 기획에 있어서 과욕이다.

욕심많은 기획을 하지 않는다

우수한 기획자는 절대로 이렇게 욕심이 많은 기획을 수립하지 않는다. 우수한 기획자는 아이디어를 취사선택하여 적절하게 도입을 하여, 버리기 아까운 아이디어라도 이번 기획에서는 과감하게 정리하고 버린다는 태도로 일관한다.

조금 덜 필요한 것을 과감하게 포기하는 것이다. 이것이 기획 수립에서 제일 중요한 지혜라는 사실을 잘 알고 있기 때문이다.

통조림 신제품을 기획할 경우에 '통조림 특유의 냄새가 나지 않고, 내용물을 들여다볼 수 있으며, 핵가족에 적당한 정도의 양으로 조절하고, 맛까지 좀더 부드러워져야 한다' 는 식으로, 모든 조건을 완비하는 지나친 욕심을 부려서는 안 된다.

이번 기획에서는 일단 통조림 특유의 냄새가 나지 않는 것이라는 식으로, 한 가지 사안에 초점을 맞추고 이를 실현하는 데 전력투구해야 한다.

그렇게 한 가지 조건에 들어맞는 기획을 실현한 후에 다른 요소를 가미한 새로운 기획을 다시 추구하는 것이 가장 이상적이다. 이렇게 하지 않으면 제품의 신선함을 잃을 뿐만 아니라, 기획의 실천력마저 분산되어 버리는 기획이 되고 만다.

적절한 포기와 체념 또한 중요한 기획 기술이라는 사실을 잊지 말아야 한다.

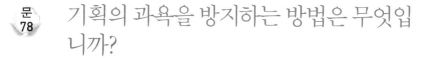

기획의 과욕을 방지하는 방법은 무엇입니까?

답 기획의 과욕을 방지하는 방법 중의 하나는 기획의 목적과 목표를 명확히 하고, 의식적으로 목적과 목표에 직접적인 관계가 없는 아이디어를 잘라버리는 것이다.

해설 예를 들어 젊은 여성을 겨냥한 잡지를 기획하는 과정에서 다음의 내용들이 제안되었다.

① 환상적인 그림을 많이 사용한다.

② 인기 가수나 탤런트에게 수필이나 체험담을 쓰게 한다.

③ 수기를 모집한다.

④ 독자에게 사은품을 증정한다.

이러한 착상을 아이디어화해서 한 단계씩 기획을 수립해 가는 것이다. 그런데 곰곰이 생각해 본 결과 세 번째와 네 번째는 잡지 기획과 직접적인 관계가 없다는 것이라고 판단되면, 이런 것은 과감하게 버려야 한다.

이때 착상이나 아이디어를 잘라내는 또 하나의 요령은 마감 시간을 활용하는 것이다.

회사에서는 물론 언제까지 기획서를 제출하라는 마감 시간을 두기 마련이다. 아무리 뛰어난 기획이라도 마감일을 지나 제출하는 경우, 그 기획에서는 채용되지 못한다.

이런 때 회사에서는 마감일 이후에 나온 착상이나 아이디어는 따로 기록해 놓았다가 다음 신제품 기획이나 제품 개량 기획에 사용하면 좋다.

이렇게 하지 않으면 어느 아이디어에 초점을 맞추어 신제품 기획을 입안하고, 구체적인 개발 행동에 들어가려 할 때 새로운 아이디어가 떠올라 그 기획이나 개발 과정을 전면 수정해야 하는 상황으로 몰아가게 된다.

이런 일이 되풀이되다 보면 최종 아이디어에 의한 제품이 언제 나오게 될지 모르고, 신제품을 어느 면에 초점을 두었는가 하는 것도 흐려지고 만다. 게다가 추가적인 아이디어 때문에 품질이나 원가, 성능, 스타일 등 전체적인 조화가 무너지는 경우도 발생하게 된다. 이러한 폐단을 없애기 위해서 기획자는 설정된 마감일까지 나온 아이디어 중에서 기획에 포함시킬 아이디어 한두 가지를 중점적으로 반영시키는 방향으로 기획을 진행시켜 나가야 한다.

아이디어를 취사선택할 수 있어야 한다

이렇게 하기 위해서 기획자는 아이디어를 취사선택할 수 있는 능력을 훈련해야 한다. 설득력이 없는 아이디어라면 과감하게 버리고, 자신으로서는 최선이라고 생각한 아이디어를 눈물을 머금고 다음 기회로 돌릴 수 있는 결단력을 훈련하는 것이 매우 중요하다.

이러한 의미에서 기획자는 판단력과 결단력도 뛰어나야 한다. 물론 상사가 아이디어맨일 경우에는 그 결단 시기의 선택이 어려워진다. 기획을 입안하고 있는 도중에 상사로부터 새로운 아이디어가 계속 나오면 도리어 더욱 혼란스러워지고, 기획 내용이 산만해져 버리기 쉽기 때문이다. 따라서 기획자는 이러한 경우에 상사의 의견을 단호히 거부하고, 상사를 납득시킬 용기를 가져야 한다.

탁월한 기획의 조건은 무엇입니까?

 탁월한 기획이 되려면 결정적인 강점이 있어야 한다. 이것이 없으면 결정타 없는 투수처럼 매력이 없고 설득력이 떨어진다.

 기획안은 높은 설득력을 지녀야 한다. 설득력이 낮은 기획안은 제안되어도 전체적인 지지와 협력을 얻기가 어렵기 때문이다.

기획이 설득력을 지니기 위해 가장 중요한 조건은 그 기획이 결정적인 강점을 지니고 있느냐의 여부에 달려 있다. 결정적인 강점을 지닌 기획은 초점이 선명하고 기발해서 상부의 마음에 어필할 수 있다. 따라서 기획을 입안할 때는 기획에 결정적인 강점을 만들어야 한다는 점을 강렬하게 의식하고, 무엇을 결정적인 강점으로 해서 기획을 마무리할 것인가를 깊이 생각해야 한다.

그렇다면 기획에 있어서 '결정적인 강점' 이란 어떤 점일까.

그것은 기획의 명확한 구조에 있을 수도 있고, 기획 아이디어의 독특함에 있을 수도 있다. 혹은 선명하게 제시한 기획 주제에 있다거나, 기획 실현을 위한 철저한 계획에 있는 경우도 있다.

어떤 것이든, '역시 그렇겠군!' 하고 감탄할 수 있을 만한 무엇인가가 기획의 결정적인 강점이 되는 것이다. 그것은 종래의 기획에서는 볼 수 없었던 기획 아이디어나 기획 내용과의 '의미 있는 차이'라고 할 수 있다.

어떤 카메라 제조회사에서 신제품을 기획하면서 카메라를 소형화·초경량화시키는 것을 목표로 삼았는데, 이 기획 내용의 결정적인 강점은 몸체의 구성 재료로 강철을 사용한다는 아이디어였다.

역발상으로 생각한다

일반 카메라의 구성 재료보다도 훨씬 무거운 강철을 사용한다는 것은 어떻게 생각하면 몸체가 무거워질 것 같지만, 사실은 그 반대였다. 강도가 뛰어난 강철을 사용하여 극한 상황까지 얇고 가볍게 할 수 있었기 때문에, 이 결정적인 강점으로 인해 카메라의 초경량화·소형화 기획은 멋진 성공을 거두었다.

또 어떤 기업에서는 사원들이 제안에 좀더 의욕을 갖도록 하기 위해 제안 성과의 일정한 비율(3분의 1 정도)을 제안자 본인 또는 제안 그룹에 보너스로 환원해 주기로 정했다.

예를 들어 제품의 원가 절감에 대한 제안으로 1년간 1억 원의 성과를 올렸다면 제안자에게 3천만 원을 보너스로 주며, 액면의 상한선을 두지 않는다는 과감한 것이었다. 이렇게 과감한 기획을 채택했을 때 더욱 뛰어난 성과를 올리게 되는 것이다.

결정적인 강점이 없는 기획은 결정타가 없는 투수와 같이 매력이 없기 때문에 그만큼 누구에게든 설득력을 갖지 못하는 것이다.

생산성을 2배로 올리면 임금을 3배 인상시켜 주겠다고 직원들에게 약속하고, 멋지게 이를 실현시킨 일본의 기업인이 있었는데, 그는 바로 '경영의 신' 이라고 불리는 마츠시타 고노스케였다.

생산성을 올려야겠는데 특별한 묘안이 나오지 않자, 직원들을 상대로 이러한 승부수를 띄운 것이다.

직원들의 입장에서는 얼마나 매력적인 제안인가. 직원들은 다각도의 노력으로, 어떻게든 생산성을 2배로 올릴 수 있을까를 연구했다. 뜻이 있는 곳에 길이 있는 법, 모두 한 덩어리가 되어 열정적으로 노력하자, 불가능하다고만 생각했던 이 목표를 달성할 수 있게 되었다. 이 얼마나 직원들의 마음을 사로잡는 대담하고도 멋진 기획인가.

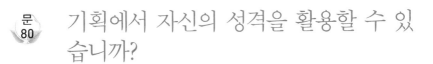

문 80 기획에서 자신의 성격을 활용할 수 있습니까?

답 있다. 사람에겐 다양한 성격 유형이 있음을 알고, 성격 특성에서 자신의 성격을 유추하고 장점을 살림으로써 훌륭한 기획자가 될 수 있다.

해설 사람의 성격에는 여러 가지 유형이 있고, 그에 따라 제각기 사고의 발상 방법도 크게 다르다는 것을 알았을 것이다. 사람마다 얼굴 생김새가 다르듯이, 성격 또한 천차만별임을 알아야 한다.

따라서 자신의 성격을 알고, 그 발상의 특징을 최대한 살리는 것이 기획을 잘할 수 있는 방법이다. 만일 자신의 성격적 특징을 무시하고 무리한 발상을 시도한다면 도리어 자신의 개성을 죽이는 결과가 될 것이다.

분열형 인간은 생각의 방향이 언제나 자기 자신을 향해 있다. 이런 유형의 사람은 자살을 진지하게 생각하거나, 심한 열등감에 빠지는 경우가 많다는 점에 유의해야 한다. 그러므로 끊임없이 사고의 내용을 기획과 관련시키는 노력이 필요하다.

외부와의 교통을 끊고 틀어박혀 자기만의 세계에 철저히 몰입하여, 자신과 엄격히 대결하는 것은 좋지만, 그 목적은 어디까지나 독창적 사고에 두어야 한다. 분열형 특유의 고통의 과정을 통해 무엇인가 생산적인 소득을 얻도록 해야 하는 것이다.

또 분열형에 속하는 사람은 인간관계에 서투르다는 점을 기억해야 한다. 따라서 분열형 인간이 관리자가 되면 부하직원의 기획안에 대하여 너무 신랄한 비판을 하기 때문에 부하직원의 기획력의 싹을 짓밟아 버리는 경우도 있다. 이러한 점은 분열형의 사람을 등용하는 경영자는 물론, 분열형 관리자 본인도 항상 유의해야 한다.

조울형 인간은 자신의 감성이 항상 조 상태를 유지할 수 있도록 하는 노력을 게을리해서는 안 된다. 어떤 기획을 고안해야 하는 경우에도 혼자서 일에 빠지지 말고, 여러 사람들과 의견을 나누는 과정을 통해 자신의 두뇌 회전을 원활하게 만드는 것이 효과적이다.

브레인 스토밍을 활용하라

브레인 스토밍(brain storming)은 조울형 인간에게 가장 적합한 방법이라고 할 수 있다. 이런 유형에 속하는 사람은 인간관계가 원만하기 때문에 자신의 기획력을 발휘할 뿐만 아니라, 다른 사람의 기획력을 동원하고 이용하는 데도 유능하기 때문이다.

다만 협조성이 강하기 때문에 차원이 낮은 아이디어에도 타협하기 쉬운 결점이 있다는 사실을 스스로에게 환기시켜 항상 주의해야 한다. 또 타고난 성격이 모질지 못해서 모처럼의 좋은 기획이 흐지부지되어 버리는 경우가 있고, 실적이 저조한 울 상 태를 대비해 항상 메모하는 습관을 몸에 익히도록 한다.

간질형 인간은 소극적이고 꼼꼼한 태도가 두뇌 회전을 둔화 시키기 때문에 서툰 유머라도 자주 구사하면서 여유 있는 생활 태도를 유지하는 것이 바람직하다.

원래 기획이란 종합적인 것이므로 한 사람의 생각으로 완성 되는 경우는 매우 드물다. 기획은 입안, 구성, 연출의 3부작이 잘 어우러져야 비로소 하나의 완성품이 되는 것이기 때문이다.

공연히 잘 떠오르지도 않는 아이디어를 내기 위해 고생하거 나 탄식하기보다는 자기가 자신 있게 할 수 있는 분야에서 재능 을 발휘하는 것이 바람직하다. 나설 차례를 알고 그 소임을 다하 는 것이 좋은 기획자가 될 수 있는 방법이다.

이기는 기획안의
실행방법

기획은 기획자에게 무엇입니까?

답 기획은 기획자의 신념, 철학, 인생관의 표현이다.

해설 뛰어난 기획에는 기획자의 개성이 반영되어 있다. 역시 그 사람답다는 말이 저절로 나오게 된다. 똑같은 소재의 영화라도 영화감독에 따라 뚜렷한 개성이 생기는 것과 같은 맥락이다.

똑같은 공을 던지더라도 뛰어난 투수는 개성적인 투구를 하는 것과 마찬가지다. 똑같은 곡이라도 연주하는 악단에 따라 느낌에 큰 차이가 있다. 훌륭한 악단의 연주에는 듣는 사람의 마음을 사로잡는 강렬한 개성이 숨 쉬고 있게 마련이다.

기획자의 개성이란 한 마디로 기획에 대한 자기주장이다. 기획자의 신념이나 철학 또는 인생관이라고 할 수 있다. 요즘 같은 기획의 경쟁시대에 기획자는 기획에 자기의 생명을 걸 정도다. 때문에 뛰어난 기획자가 만드는 기획에는 그 사람의 개성이 강렬하게 빛나고 있는 것이다. 그 개성이 기획의 매력이 되어 사람들을 끌어들이고, 공감과 지지를 얻는다. 마찬가지로 뛰어난 기업의 기획에는 기업의 개성이 발휘되고, 경영자의 신념이 표현된다. 외국의 한 중견 기업에서 거래처 서비스 기획안을 세울 때, '거래처의 건강관리 서비스' 라는 구상이 기획화된 예가 있다.

거래처의 사장과 간부는 물론 그 가족(희망자)까지 포함해서 종신 건강관리를 해주겠다는 웅대한 기획이었다. 이를 위해 판매이익의 일부를 적립해 놓았다가 건강관리 센터를 만들고, 휴양지에 건강 수련원을 만든다고 하는 아이디어가 채택되었다.

대상자로는 자기 회사의 사원 전원, 가족(성인 및 고령자), 거래처의 사장 및 간부 사원 그리고 희망하는 가족을 모두 포함시키며 1년에 2회의 종합 건강진단, 상호공제에 의한 완전한 무료 치료, 건강수련원에서 적극적으로 건강을 위한 운동 등을 할 수 있게 한다는 내용이었다.

기획자의 신념이 담긴 기획

거래처 사원들이 건강해야 결국 자기 기업이 번영할 수 있다는 경영자의 신념이 개성적으로 이 기획 내용에 반영된 것이다.

또 다른 기업에서도 역시 경영자의 강한 의지에 따라, 65세 이상의 퇴직자에게는 퇴직 당시 월급의 2분의 1을 본인이 사망할 때까지 지급하는 제도가 실현되었다. 이것 역시 경영자의 신념에 의한 사원 복지 기획의 하나라고 할 수 있다.

안심하고 일할 수 있는 회사로 만들기 위해서는 퇴직 후의 불안을 없애주는 것이 선결 문제라는 생각이 기획화되고 제도화된 것이다. 여기에 후생 연금을 보탠다면 안정된 노후 생활이 가능하다는 발상이 있었다. 그렇게 하기 위해서는 본인 부담의 적립금뿐만 아니라, 퇴직하는 선배 사원을 위해 남아 있는 현직 직원들도 일정 금액을 부담해야 한다는 기획 아이디어가 나온 것이다.

이를 실천하려면 기업의 생산성이 높아지고, 현직 사원 급료가 선배 사원 생활비의 일부를 부담할 수 있을 만큼 많아야 한다. 따라서 위의 기획에는 회사의 생산성 목표, 발전 계획까지 모두 포괄하는 내용이 깔려 있는 셈이다. 기획은 기획자의 신념과 철학, 인생관의 표현이기에 더욱 그 빛을 발하는 것이다.

문 82

프로기획자는 어떤 사람입니까?

답

프로 기획자는 포트폴리오로 제2안과 제3안까지 준비하는 기술이 있다. 이러한 다양한 제안을 마련하여 상부와 고객을 감동시키는 사람이다.

해설

프로 기획자는 제2, 제3안을 효과적으로 활용하는 기술을 터득하고 있다.

이탈리아의 자동차 디자이너는 이 점에 특히 뛰어나다고 한다. 자동차를 디자인할 때는 단순히 외형상의 스타일뿐만 아니라 내부 기계 장치나 차의 기술적, 성능적 특성에 들어맞는 디자인을 만들기 위한 치밀한 연구가 필요하다.

그래서 자동차 제조회사에 판매하는 디자인은 하나에 몇 십억 원에서 몇 백억 원까지 나간다. 따라서 판매 대상의 선정 및 그 상대에 관한 상세한 연구가 필수적이다.

이를테면 A사를 상대로 선택했다면, A사의 과거 자동차 디자인은 물론 경영자나 기술자의 버릇이나 기호를 연구하고, 심의하는 구성원까지를 예측해야 한다.

자동차 디자인의 실제 판매 과정은, 먼저 제작한 디자인을 슬

라이드로 영사하면서 설명한다. 그러면 심의 구성원들로부터 질문이나 의견이 나올 것이다.

"조금 더 스마트했으면……"

"우리 회사의 이미지와는 맞지 않는다."

"과거 ○○와 비슷하다."

자동차 디자이너는 이러한 비판을 잠자코 듣는다.

"잘 알겠습니다. 충분히 그러한 비판이 나올 수 있을 것이라고 예상하고, 또 하나의 안을 준비해 왔습니다."

비판을 정중히 듣는다

그리고 그때까지 나온 비판이나 의견을 거의 보완하고 있는 참신한 디자인을 보여준다.

"괜찮은데, 뒷부분의 스타일이 약간 부자연스럽다."

"엔진 탑재 공간에도 조금 무리가 있고……."

이번에는 이런 의견들이 또 나올 수 있다. 이러한 논의가 계속되고 있을 때, 세 번째 디자인이 등장하는 것이다.

물론 지금까지의 모든 불만과 불안을 한꺼번에 해결할 수 있는 스마트한 디자인에, 기능이나 성능도 흠잡을 데가 전혀 없다. 그러면 결국 이 제3안으로 결정이 되고, 서류에 사인하면 디자인을 판매하는 데 성공한 것이다.

그렇다고 해서 이것으로 완전히 끝나는 것은 아니다. 계약이 끝나고, 법률적으로 절차가 완료되면 기획자는 '잠깐, 그런데…' 하고 또 주목시킨다.

"잠깐, 그런데 이것은 어디까지나 참고해 보시라는 이야기지만 우리는 다른 디자인을 한 가지 더 준비해 왔습니다. 가벼운 마음으로 보아주십시오."

이렇게 말하며 다시 슬라이드 영사가 시작된다. 이 디자인은 지금 계약한 제3안을 한 걸음 더 발전시킨 미래형 자동차의 디자인으로, 만약 이 디자인을 라이벌 회사에 팔게 된다면 큰일이다.

이번에 계약한 제3안을 제품화한 다음 제품으로 미리 사놓고 싶은 디자인으로 손색이 없다. 이렇게 해서 그것도 계약하자는 단계까지 발전시킨다.

상대를 연구해 간다면 이러한 식으로, 차례차례 기획을 채택하게 할 수 있다. 사내 기획자도 이러한 기획 기술을 터득하면 효율적일 것이다.

이 사례에서 보듯이, 우수한 기획자는 프레젠테이션 기술도 겸비하고 있어야 한다. 클라이언트의 요구를 명확히 파악한 후 작성한 기획안을 짧은 시간 안에 명확히 전달하는 발표력을 키우는 능력을 키워라.

 기획자에게 요구되는 심신 상태는 어떤 것입니까?

 기획자에게 요구되는 심신 상태는 세 가지로, 먼저 강인한 정신력을 가져야 한다. 그리고 튼튼한 체력과 강철 같은 의지력과 집념을 가져야 한다.

기획안을 작성하는 것은 일반 작업이 아니라 노동 중에서도 중노동이다. 간단한 기획서라면 문제될 것이 없지만, 조금 복잡한 판매 기획이나 공장의 개선 기획, 신제품의 개발 기획은 설명 자료나 관련 데이터만 몇 십 쪽에 이르고, 사진이나 그래프, 삽입 그림을 수집하는 일도 쉽지 않다.

또한 기획서의 중심이 되는 문장도 전달하고자 하는 의미를 충분히 살려 간단명료하게 서술하는 방법을 훈련하지 않으면 제대로 전달하기가 힘들다. 그래서 기획안 작성을 위한 기획자의 필수 조건은 뇌력, 체력, 기력이다.

뇌력은 머리가 좋다는 의미가 아니라, 사고의 강인함을 뜻한다. 복잡한 기획 아이디어를 심의기관에 제안할 수 있는 기획서로 마무리하기 위해서는 머리가 좋은 것보다는 강인함이 요구된다. 끈기 있게 문장이나 도표를 만들어 가면서 하나의 기획안으로 만들어 내는 작업은 한 권의 책을 써내는 작업과도 같다.

피곤한 머리로는 사고의 기능을 제대로 발휘할 수 없다. 철야 작업을 할 때는 정말 그만두고 싶은 충동을 강하게 느낄 것이다. 이를 극복할 수 있는 두뇌의 강인함이 없는 기획자는 강도 높은 기획을 마무리 지을 수 없다.

기획서 작성은 체력싸움이다

기획서를 만드는 것은 일종의 체력 싸움이다. 기획 마감 시간이 있고, 기획자로서의 의무도 따른다. 80퍼센트 정도를 작성했다고 해서 기획서가 완성되는 것이 아니다. 나머지 20퍼센트를 체력 부족으로 감당하지 못하는 경우도 적지 않다.

기업에서 기획서를 만드는 것은 절실한 필요가 있기 때문이다. 며칠씩 밤을 새워야 할 경우도 있다. 따라서 일류 기획자가 되려면 이 정도 작업을 감당할 수 있을 만한 체력도 있어야 한다.

끝으로, 기력 및 의지력이 중요하다. 아무리 애를 써도 좋은 아이디어가 생각나지 않으면 그만 포기하고 싶어진다. 아무래도 의지력이 약하다는 생각을 떨쳐버릴 수 없는 경우도 생기기 때문에, 기획 작업은 어떤 의미에서는 자기와의 투쟁이다. 따라서 의지력으로 이러한 난관을 극복해야 한다.

뛰어난 기획자는 강철 같은 의지력, 기획에 대한 맹렬한 집념을 갖고 있다. 한 번 기획에 뛰어들면 아무도 막을 수 없는 집착과 집요함을 보인다. 그것이 바로 기력이고, 의지력이다. 따라서 끈기야말로 뛰어난 기획의 원동력이다.

의지력을 단련하기 위해서는 무엇보다도 자기에게 매몰찬 자세를 견지해야 한다. 더불어 이렇게 기획안을 하나씩 마무리하면 자신의 미래도 밝아질 것이라고 하는 비전도 가져야 한다.

기획서를 작성할 때는 다음 사항을 점검해 보라.

첫째, 무엇을 위해, 누구를 겨냥한 콘셉트인가?

둘째, 콘셉트가 명확하고 구체적으로 작성되었나?

셋째, 자료를 토대로 하여 가장 핵심적인 내용이 반영되었나?

넷째, 충분한 사전조사가 이루어졌나?

다섯째, 내용 및 문제점을 검토하였나?

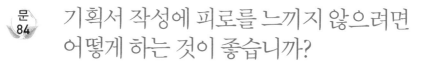

문 84 기획서 작성에 피로를 느끼지 않으려면
어떻게 하는 것이 좋습니까?

답 가장 자신 있는 기획 기법을 끊임없이 연마해야 한다. 자신이 즐겨 사
용하는 기법을 갖게되면 작업이 즐겁고 의욕이 샘솟는다.

해설 기획 기술 중의 또 하나 지적하고 싶은 것은 자신이 즐겨 사
용하는 기법을 개발하고, 그 기법을 끊임없이 연마하라는 것
이다.

어떤 일이든 자신이 좋아하는 일을 할 때는 능력이 배가되는
법이다. 기획도 마찬가지다. '이런 방향이라면 자신 있어' 하고
망설임 없이 덤벼들 수 있는 기법을 택하는 것이 훨씬 유리한 건
당연한 일이다.

기획에서 즐겨 사용하는 기법이란 스스로 자신 있는 유형으
로 기획 아이디어를 내고, 즐겨 사용하는 형식과 스타일로 기획
서를 마무리하는 것을 가리킨다.

씨름대회에서 천하장사가 된 선수나, 메이저 대회에서 우승
한 프로 골퍼도 씨름이나 골프에 관한 모든 기법을 구사하는 것
은 아니다. 자신이 좋아하는 자세나 자신 있는 기술이 따로 있게

마련이어서 그 자신 있는 자세나 기술로 승부를 할 때 승리하는 영광을 누리게 된 것이다.

물론 이러한 한두 가지 자세나 기술로 경기에 완전히 승리하는 것은 아니다. 경기는 여러 가지 섬세한 기술이나 자세가 복합적으로 상승했을 때 승리하기 때문이다.

자신의 특기를 연마하라

그러나 자기가 좋아하는 기술과 자신이 좋아하는 자세가 반드시 있게 마련이며, 이를 특기라고도 할 수 있다. 이러한 특기가 승리의 원동력이 된다는 말이다.

기획자도 이와 마찬가지다. 뛰어난 기획자는 어떠한 기획이라도 자기가 자신 있는 유형으로 마무리를 짓는다. 자신이 생기지 않는 기획에는 손을 대지 않거나 자신 있는 기법으로 처리할 수 있도록 주제를 바꿔버린다.

이와 같이 문제를 어떻게 요리하여 처리하느냐에 따라 그 사람의 능력이 평가된다.

어느 신제품 개발 부문의 기획자는 소비자와 대화하고, 관찰한 다음 기획화하는 기법을 사용하고 있다.

기획의 주제가 주어지면 판매 대상이 누구인가, 어떻게 사용하는 상품에 대한 기획인가, 어떠한 만족을 소비자에게 제공해야 하는 상품의 기획인가 등을 기획 제출자에게 확인한 다음, 완전한 준비를 갖추고 가상의 소비자와 충분히 대화를 나누며 사전조사를 한다. 그리고 소비자의 말과 반응 속에서 기획 힌트를 찾아내는 것이다.

어느 장난감 회사의 판매 촉진 담당자는 제품의 판매 촉진 기획을 구상할 때는 공원이나 학교 운동장으로 가서 아이들과 실제로 장난감을 가지고 놀아본다. 그러면서 아이들이 흥미나 즐거움을 느끼는 부분을 포착하고, 이를 이미지화한다.

이렇게 얻은 발상을 판매 촉진 기획으로 다듬어 기획서로 제출하는 것이다.

자신 없는 테마에 도전하는 것도 경험과 훈련을 쌓는다는 점에서는 중요한 의미를 갖는다. 어떻게 보면 자신이 없는 주제일지라도 자신이 즐겨 사용하는 기법을 동원하여 꾸준히 노력하면 성공할 수 있는 확률이 높아질 수 있다.

그러나 무엇보다 자신 있는 기법, 자신이 있는 유형을 정확히 알아야 한다. 또한 부단한 노력으로 자신 있는 기법을 여러 가지 만들어 가는 자세도 중요하다.

자신 있는 기법의 유형으로 문제를 받아들이면 직감력도 활발히 움직이고 경험도 큰 몫을 하기 때문에 기획하는 작업이 한결 즐겁고 의욕도 샘솟게 된다.

기획 결과에 대한 최종점검은 무엇입니까?

 기획을 할 때는 필수적으로 결과가 어떻게 될것인가에 대한 예측 값이 있어야 한다. 이것이 기획 결과에 대한 최종 점검 기준이 된다.

'이번 기획안은 어떻게든지 최고 점수를 받아야지.'

'내 기획을 보고 깜짝 놀라게 해주자.'

이렇게 다짐하면서도 막상 기획이라는 것을 시작하면 벽에 부딪친다. 우선 무엇을 어떻게 해야 할지 난감하다. 의욕은 높지만 구체적인 방법을 알지 못해 진행에 어려움을 겪는 사람들도 많다.

하지만 기획의 요령을 터득하면 누구나 할 수 있다.

기획이 수립되면 그 기획을 어떤 행동으로 옮기고, 그 행동의 결과로서 어떤 성과를 기대하게 된다.

플랜(Plan)→두(Do)→체크(Check)라고 하는 매니지먼트 사이클의 원칙을 기획의 과정에도 적용할 수 있다.

플랜 부분이 바로 기획이다. 이 플랜은 문제점의 인식이나 분석, 의식화 같은 현상을 점검하는 가운데 부각된 주제에 관하여 이루어지는 것이기 때문에, '플랜→점검' 이라는 과정 속에 있는 것이라고 할 수 있다.

플랜을 실행하고, 결과를 끄집어내고, 그 결과를 확인해서 다음의 기획이나 행동에 피드백을 하면, 이것으로 기획 사이클은 끝나게 된다.

그런데 기획 결과를 점검하기 위해서는 점검을 하기 위한 기준이 마련되어야 하고, 이 기준은 기획 결과가 나오기 전에 준비해 두어야 한다.

예측값이 기획결과에 대한 기준이다

기획안을 작성할 때 그 기획에 관한 실행 결과를 예측하는데, 이 결과의 예측 값이 기획 결과를 점검하는 기준이 된다. 따라서 기획안 작성에서는 반드시 결과를 예측하여 처음부터 기준을 작성해 두는 것이 원칙이다.

물론 결과를 예측하는 것은 결코 쉬운 일이 아니다. 그러나 어떠한 행동을 막론하고 행동은 반드시 결과를 수반하는 것이므로, 행동을 일으키기에 앞서 그 결과를 예측하는 것은 반드시 거쳐야 할 불가결한 사전 조처다.

이는 비단 기획뿐만 아니라 모든 기업 행동에도 적용되는 것인데, 특히 우리나라의 기업은 플랜과 점검에 서툴고, 그중에서도 특히 점검이 부족한 것으로 지적되고 있다. 플랜과 점검이 없는 행동은 'Do→Do→Do' 가 된다. 이는 마치 무작정 말을 달리게만 하는 것과 같다.

물론 일상적인 작업에서는 Do만으로도 충분하지만, 기획이란 일상적인 작업이 아니라 특정한 유형에 얽매이지 않는 작업, 다르게 표현한다면 계획형 작업이다. 즉, 지금까지 있었던 것과는 전혀 다른 새로운 발상이나 행동을 필요로 하는 계획적인 활동이다.

이렇게 계획적인 작업에는 반드시 플랜이 선행하지 않으면 Do를 일으킬 수 없고, 플랜에 관한 결과를 예측해 놓지 않으면 정확한 체크를 할 수 없게 되어버린다.

따라서 어떤 주제에 관한 기획의 실행을 계획화하는 경우에는 그것이 실행되었다고 하는 상황을 미리 상정해야 한다.

그리고 이에 의해 어떤 결과가 나올 것인가를 가능한 한 정확하게, 또한 요점이 빠지지 않도록 치밀하게 예측하고, 이를 처음부터 기획의 예측 값으로 기록해 두는 것이 중요하다.

물론 복잡한 기획일수록 그 결과를 예측하기가 어렵다. 그리고 예측이 어려운 기획일수록 더욱 많은 비용과 인원이 필요한 것이 당연하다.

그러나 그러한 기획일수록, 설령 작업이 조금 어렵더라도 결과에 대한 정확한 예측이 필요하다.

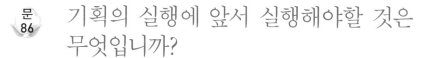

기획의 실행에 앞서 실행해야할 것은 무엇입니까?

답 기획 부문과 실행 부문과의 커뮤니케이션이 잘 이루어져야 하며, 기획의 내용, 핵심적인 의도나 포인트가 정확하게 서로 전달되어야 한다.

해설 회사에서 전체 팀에 내려진 기획 오더나 클라이언트로부터 기획을 의뢰받았을 경우, 정확한 커뮤니케이션이 이루어지지 않으면, 실컷 고생해 놓고 최후에 다시 수정해야 하는 결과가 생긴다.

이렇게 되면 헛고생에 대한 허탈감과 그동안의 시간, 비용 등을 모두 낭비하는 셈이므로, 처음부터 신중하게 시작하는 자세가 바람직하다.

기획안이 승인되면 우선 실행 계획에 따라 실행 과정으로 옮겨지는데, 기획자가 그대로 기획의 실행자라면 기획 내용을 잘 알고 있으므로 문제가 되지 않는다. 그러나 실제로는 기획자가 실행자나 실행 책임자가 되는 경우는 극히 드물다. 특히 큰 기획일 때는 기획 부문과 실행 부문이 분리되어 있는 경우가 대부분이다.

이러한 경우에는 기획을 실행함에 있어서 세심한 주의가 필요하다. 특히 실행 부문에 대해 기획의 내용, 핵심적인 의도나 포인트가 정확하고 적절하게 전달되었느냐의 여부에 관심을 가져야 한다. 즉, 기획 부문과 실행 부문의 완전한 의사소통이 이루어졌느냐가 문제이다.

기획과 실행 부서 간에 커뮤니케이션이 정확하게 이루어지지 않으면 모처럼 애써 작성한 기획이 실시 단계에서 변질되어 버리는 경우가 생긴다. 그렇게 되면 기대한 성과를 얻을 수 없을 뿐만 아니라, 여러 가지 곤란한 문제가 뒤이어 발생하게 될 것이다.

어떤 기업에서 약 50개의 외주 공장들의 협력을 얻어 원가 절감 운동을 실시한다는 기획을 입안한 예가 있다. 계속적으로 납품되는 제품에 대해서는 자주적인 비용 절감을 꾀하고, 과거 1년 동안의 납품 가격에 대해서도 그 비용 절감 비율이나 금액에 따라 회사에서 일정한 보상금을 준다는 것이 기획안의 골자였다.

기획자의 기획의도에 포함되어야 할 초점

이 기획은 본사의 공장 관리팀이 입안하고, 이사회의 승인을 받게 되었다. 기획자의 기획 의도는 다음과 같은 몇 가지에 초점을 둔 것이었다. 공장, 특히 외주 담당자에게 원가를 재인식시키고, 외주 공장의 경영자에게 강력한 원가 의식을 심어주며, 외주 담당자가 직접 공장에 가서 상대방을 지도하거나 함께 연구하여 실제적인 원가 절감에 노력하며, 이 기획을 계기로 외주 공장의 지속적인 비용 절감 운동을 유도한다는 데에 있었다.

그런데 난감한 일이 생겼다. 이러한 기획자의 진의가 제대로 전달되지 못하고 왜곡되어, 각 외주처 별로 비용 절감에만 신경을 썼다.

회사의 외주 담당자들은 이 기획안의 과제를 달성하기 위해 외주처를 위협하거나 자기 입장을 호소해서 외주 납품 가격의 대폭적인 인하에만 주력했던 것이다.

그 결과 어느 정도의 비용 절감 성과는 있었지만, 외주 공장들의 불신은 더욱 커졌다. 결국 이 기간이 지난 후 납기를 지키지 않거나 품질 불량, 납품 사퇴 등과 같은 예상하지 못한 결과가 나왔다. 이것은 외주 담당자들이 기획 의도를 제대로 파악하지 못한 결과였다. 이러한 예는 의외로 많다. 따라서 기획자는 기획 의도가 실행 부서에 정확히 전달될 수 있도록 확실하게 설명할 의무가 있다.

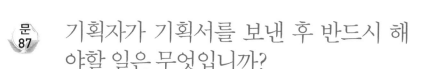

문 87 기획자가 기획서를 보낸 후 반드시 해야할 일은 무엇입니까?

답 기획자는 직접 기획 실행자를 방문하여 기획 의도나 내용, 그리고 실천 방법을 설명하고, 이해와 협력을 구하는 노력을 아껴서는 안 된다.

해설 강조하건대, 기획자는 기획 의도나 내용을 정확하게 실행자에게 전달하기 위해서 가능한 한 많은 대화를 나누는 것이 좋다. 달랑 기획서만 보내놓고 기획 의도가 제대로 전달되었다고 생각하는 기획자는 기획자로서의 자격이 없다고 해도 과언이 아니다.

지극히 간단한 기획 외에는 문서만으로는 기획 의도가 제대로 전달되지 않는다. 사람은 누구나 자기 식대로 생각하는 습관이 있어서 왜곡이나 자기 방식의 해석, 자세하게 세부적인 사항을 읽지 않고서 제멋대로 추론하는 등에 의하여 기획이 변형되거나 변질되기 쉽다.

이것은 기획서의 내용을 정확하게 파악하려고 하지 않는 실행자의 책임처럼 보이지만, 실은 기획 의도를 정확하게 전달하지 않은 기획자의 무성의에 더 큰 책임이 있다.

따라서 기획자는 어쩔 수 없는 경우를 제외하고는 문서로만 전달하지 말고 직접 기획 실행자를 방문하여 충분한 시간을 할애해서 기획 의도나 내용 그리고 실천 방법을 설명하고, 이해와 협력을 구하는 노력을 아껴서는 안 된다. 그중에서도 기획의 정확한 의도는 상세하게 이해시켜야 한다.

어떤 내용의 기획이든 그 안에는 기획의 기본을 이루는 것, 부수적인 것, 절차적인 것이 들어 있게 마련이다. 그리고 이를 전달하는 것이 공문을 이용한 방법이든, 직접 설명하는 방법이든 간에 정확하게 한 가지씩 요점을 들어 설명해도 상대방이 그 전부를 정확하게 파악한다는 것은 매우 어려운 일이다.

어느 기업에서는 일정한 지역의 대리점 10군데를 대상으로 한 영업 콘테스트를 기획했다. 기획 담당자는 대리점 점장과 영업사원을 상대로 1개 대리점에 2회 이상 상세한 기획 설명회를 실시하고 협력을 구했다. 그런데 마감일까지 절반 가까운 대리점으로부터 영업에 관한 결과 보고서가 올라오지 않았다.

기획자는 현장으로 달려가라

기획자가 다시 대리점으로 가서 독촉하자, '결과는 본사에서 집계해 주는 것으로 생각하고 있었다' 는 어처구니없는 대답이 나왔다.

분명히 1개 대리점에서 2회 이상의 설명과 함께 보고서 작성

방법과 보내는 방법에 대하여 상세하게 설명했음에도 불구하고 이런 결과가 나온 것이다. 알고 보니 실제로 보고서 작성을 담당하는 대리점의 총무가 설명회에 출석하지 않았기 때문이었다.

이 사실을 알았다면 전화로 이야기하거나 혹은 직접 가서 설명하는 방법을 생각했을 것이다. 그러나 결과가 나올 때까지 어디에 커뮤니케이션의 함정이 있었는지를 아무도 깨닫지 못했던 것이다.

커뮤니케이션 상의 이런 실수는 기획의 실행 과정에만 있는 것이 아니다.

어떤 사장은 몸이 아파서 출근하지 못하고 집에서 회사로 전화를 해서 경리부장에게 개인적인 거래 관계가 있는 사람에게 돈 1천만 원을 받아오도록 지시했다.

그러나 다음날 출근해서 보니 오히려 이쪽에서 1천만 원을 갖다주었다. 사장의 지시를 부장이 과장에게, 과장은 계장에게, 그리고 계장은 사원에게 전달하는 과정에서 받아 오라는 것이 주고 오라는 것으로 내용이 바뀌어 버렸던 것이다.

이처럼 커뮤니케이션이 정확치 않으면 업무상의 큰 차질을 일으키므로, 세심하게 신경 써야 한다.

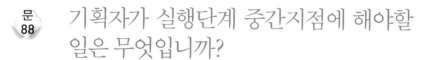

문 88 기획자가 실행단계 중간지점에 해야할 일은 무엇입니까?

답 기획자는 기획이 실시되는 상황 중간 중간에 이를 점검하고 관리해야 한다. 기획자는 기획을 올바른 결과까지 이끌고 나아갈 책임이 있기 때문이다.

해설 테스트 마케팅(test marketing)이란 신제품 따위를 판매할 때, 미리 특정 지역을 골라 소비자의 선호도 따위를 조사·분석하여 전체 경향을 예측하는 일이다. 이것은 신제품을 출시할 때 반드시 필요한 사전 조사 작업이 된다.

특히 초기 투자 여력이 많지 않은 중소업체들은 요즘 온라인 쇼핑몰에서 소비자 반응을 살피는 것이 일반화된 추세다. 오프라인 판매를 병행하는 경우에도 새로운 디자인이나 아이템을 온라인으로 먼저 선보여 반응을 보고, 오프라인으로 조금씩 발을 뻗치면서 재고 부담을 줄이는 것이다.

짧은 기간 안에 끝나는 기획을 제외하고, 기획자는 기획의 실시 상황에 대해 중간 점검을 실시하고, 중간 평가를 하는 것이 원칙이다.

어떠한 기획이든 제대로 된 기획 결과를 얻기 위해서는 꼭 필요한 과정으로 이 중간 점검과 평가 방법은 기획의 내용에 따라 다양하다.

어떤 기업이 지방 도시에서 실시한 신제품 테스트 마케팅에서 예상보다 좋은 결과가 나왔다.

너무나 예상 밖의 실적이라 의아하게 생각한 기획자는 직접 현지로 내려가 철저하게 그동안의 경과를 조사했다. 그 결과, 해당 지역 영업사원들이 친인척과 단골 거래처에 부탁해 테스트 물품을 대량으로 구매한 사실이 드러났다.

어떻게 이러한 일이 일어난 것일까.

중간점검을 하라

그 원인은, 지역 영업사원들은 테스트 마케팅의 의미를 제대로 이해하지 못하고, 테스트 제품의 매상이 자신들의 실적에 영향을 주는 것으로 잘못 생각하여 결사적으로 판매에 매달렸던 것이다.

만일 중간에 점검했다면 당연히 이러한 오해를 막을 수 있었을 것이고, 테스트에서도 올바른 내용을 얻을 수 있었을 것이다. 그러나 현재의 테스트 결과로는 본격적인 판매 기획을 세울 수 없었다.

또 다른 기업에서는 특정 지역을 선정해서 신제품에 대한 테스트 마케팅 기획을 실시했다. 이 신제품은 기존 제품에 새로운 원리를 추가하여 대폭적으로 개량한 것이었다. 모양이나 가격, 성능도 기존 제품과는 질적으로 다른 자신 있는 제품이었다.

A지구에서는 소매점 20곳에 기존 제품과 나란히 진열은 하는데, 장식으로 신제품이라는 사실을 강조해서 차별화했다. 테스트 기간은 3주였다. B지구에서는 같은 규모의 소매점 15곳에 기존 제품을 치우고 신제품만 진열했다. 신제품 성능을 강조하는 홍보를 하면서 역시 기간은 3주 동안 실시했다. 점원들로 하여금 중점적으로 고객을 유치하도록 지시했다.

이 테스트 마케팅에서 A지구의 주요 목적은 기존 제품과의 판매 비교자료를 얻는 것이고, B지구에서는 신제품이 고객을 끄는 힘과 점원의 유도 효과를 보는 것이 주목적이었다. 그러나 실시 단계에서 그 의도가 변질될 수 있으므로 기획자는 테스트 기간 중 한 점포를 최소 2번 이상 방문해서 철저하게 중간 점검을 실시했다. 그 결과, 장차 판매 기획 수립에 도움이 될 수 있는 귀중한 자료를 얻을 수 있었다.

기획자가 성과를 올리려면 어떻게 해야 합니까?

문 89

답 기획자는 실행 책임자와 긴밀한 협력관계를 형성해야 한다. 그래서 기획이 성공적인 결과를 얻을 수 있도록 실행 책임자의 지지와 협력을 이끌어 내야 한다.

해설 어떠한 일이든 개인의 능력에는 한계가 있다. 따라서 기업에서 훌륭한 기획을 실현하기 위해서는 조직 단위의 협력이 필요하다.

그러므로 조직의 힘을 활용하고, 이를 발휘하도록 하는 기획일수록 우수한 기획이라 할 수 있다. 기획자는 기획과 조직의 관계를 충분히 고려하고, 조직을 활용함으로써 뛰어난 성과를 올려야 한다. 이는 기획의 입안에서부터 실행, 종료에 이르는 모든 단계에 해당된다.

조직의 구성원들은 신념이나 가치관, 지식, 기술 등이 공유되는 경우가 많은데, 이것을 조직 문화라고 한다. 이것은 조직 전체의 통합뿐 아니라 문제해결에 있어서도 매우 중요한 요인으로 작용한다. 기업은 한 개인의 문제가 아니라, 조직 전체의 흐름에 따라 움직이기 때문이다.

조직 문화는 기획 자체에 커다란 영향을 끼치며, 하부 기획자의 사고와 행위에도 밀접한 관계를 가지고 있다. 기획 주제를 찾고 힌트를 얻은 다음, 아이디어를 마무리 지어 기획을 계획화하고 실행하는 모든 과정에서는 강력한 조직의 지원과 협력을 얻는 것이 바람직하다. 특히 문제가 되는 것은 기획의 실시 단계에서의 조직화 과정이다.

영업부장이 일선 판매팀에 기획 내용을 전달하면, 많은 비판과 거부 의사가 쏟아져 들어온다.

"요즘처럼 어려운 때 또 무엇을 하라는 거야?"

"이제는 이런 기획에 신물이 났어."

"다른 일정이 있어서 협력하기 힘들다."

기획 실행 단계에서 현장의 이런 거부 반응은 조직의 성격상 당연한 것인지도 모른다. 조직이란 원래 보수적이고 방어적 성격을 띠는 경향이 강하기 때문이다.

거부감을 느끼는 새로운 방법

일상적인 일 외의 새로운 시도는 조직에게는 추가 업무로 받아들여진다. 새로운 것, 기존의 행동을 변화시키는 것, 기존의 일에 시간이나 행동을 추가해야 할 수 있는 것에 대해 거부 반응을 보이는 것이 조직의 기본 성격이라 할 수 있다.

이러한 부정적인 시각을 해소하고, 기획을 수행하는 데 협력하게 하기 위해서는 조직의 말단까지 기획 의도가 깊이 전달되어야 한다. 기획에서 실행 책임자의 지지와 협력은 절대적이다.

지휘관들, 특히 영업부장과 영업소장이 기획 의도를 이해하고, 실행에 성의를 보이는 정도에 따라 기획의 승패가 결정된다고 해도 과언이 아니다.

어떤 기업에서는 신제품 개발팀과 판매팀의 부장이 감정적으로 대립하는 바람에 업무 집행에 차질을 초래한 일도 있다. 개발팀이 우수한 신제품 기획을 입안하고 이를 상품으로 개발했는데, 성공하지 못했다.

신제품을 판매팀에 넘겼는데 '쓸데없는 짓을 했군' 하는 식으로 판매에 협력하지 않았기 때문이었다. 결국 판매부장이 교체되었다.

이와 같이 개발팀과 판매팀의 비협조적 행태를 한탄하는 기업이 의외로 많다.

기획자는 실행 책임자들에게 기획 의도와 목표를 납득시키고, 강력한 지원을 받아야만 그 기획 성과에 대해 기획자로서의 책임을 질 수가 있다.

따라서 기획자는 어떻게 해야 실행 책임자와 긴밀한 협력 관계를 형성할 수 있는지도 연구해야 한다.

개인의 우수성도 중요하지만, 기업은 많은 사람들의 협력체로 이루어진 조직이라는 점을 기억해야 한다.

기획자의 마지막 업무는 무엇입니까?

기획 실행과 그 결과가 나온 것만으로 기획자의 임무가 끝나는 것은 아니다. 결과에 대한 검토와 분석이 진행되어야 기획이 마무리되는 것이다.

기획자의 임무는 기획이 실행되어 그 결과가 나오면 끝나지만, 이것으로 모든 일이 끝나는 게 아니다. 기획자는 기획안이 완성되면, 그 결과를 충분히 분석, 검토하여 반성해야 할 점이나, 문제점 및 교훈 등을 찾아내고, 이를 다음 기획에 효과적으로 반영시켜야 한다.

기획했던 일이 끝났다는 것은 그 일의 종료를 의미하는 동시에 다음 기획의 시작을 뜻하기 때문이다. 이렇게 결과에 대한 검토와 분석까지 진행되어야 비로소 그 기획은 대단원의 막을 내리게 된다는 것을 알아야 한다.

기획 실행의 경과나 결과가 모두 기획안대로 되는 경우는 거의 없다. 숫자로 표현되는 결과만이 아니라, 숫자나 유무형의 형태로 나타나지 않는 여러 가지 요소들이 기획의 경과나 결과에서 초기에 예측했던 것과는 많은 차이가 생긴다.

특히 예상치 등 수치로 나타낸 경우, 예측한 것을 상회하거나 밑돈다면 그 예측은 정확하지 못한 것이 된다. 캠페인 세일 판매 기획에서 예상 매출이 10억 원이었는데, 실제 판매액이 8억 원 또는 12억 원일 경우라면, 예측은 정확하지 않은 것이 된다. 이러한 예측과 결과 차이에는 무엇인가 원인이 있게 마련이다. 기획자가 예측한 대로 실행되지 않았기 때문에 생긴 오차이거나, 예측 방법이 잘못되었기 때문일 것이다.

결과를 분석할 때 유의할 점

기획안이 종료되었을 때에 그 결과를 검토, 분석할 시점에서는 다음의 사항들에 주목해야 한다.

첫째, 예상값과 결과의 차이에 대한 정확한 파악.

둘째, 차이가 발생한 원인의 분석.

셋째, 실시 과정에서 발생한 문제점이나 미비점, 또는 개선해야 할 사항들.

넷째, 추후 기획 입안 및 실시에 대한 교훈이나 시사하는 바, 그리고 아이디어 등의 수집.

이 가운데 제일 중요한 것은 예측과 결과의 차이에 대한 분석이다. 예상값과 결과에 차이가 생기는 원인의 형태로는 세 가지가 있다.

① 차이 발생의 원인이라고 확신할 수 있는 확정 원인.

② 확신은 할 수 없지만, 차이를 발생시킨 원인이라고 생각되는 추정 원인.

③ 직접적인 원인일 수도 있고 아닐 수도 있는 불확정 원인.

이 세 가지 원인들을 모아서 분석함으로써 기획 예상치와 결과값의 차이를 분석할 수 있게 된다. 이 가운데 확실한 차이의 원인이 된 확정 원인은 추후의 기획에서는 반드시 제외시켜야 할 요소가 된다.

추정 원인은 확신할 수는 없으나 추정되는 원인이므로, 차이를 발생시킬 확률이 높은 편이므로, 다음 기획에서 제거 또는 수정해야 할 요소가 된다. 불확정 원인에 대해서는 그것이 확정 원인이 될 소지가 있는지 여부를 확인할 수 있도록 다음 기획에서 연구 및 검토하도록 한다. 문제가 발생하기 전에 미리 문제의 소지를 예측하여 기획을 착수한다는 일은 좋은 아이디어를 산출해 내는 것보다 훨씬 더 중요한 일이라 하겠다.

이기는 기획의 결과
예측방법

기획자의 능력 개발에 절대적으로 필요한 것은 무엇입니까?

답

기획자의 능력 계발에는 지식과 경험의 축적이 절대적으로 필요하므로, 그에 대한 의식적이고 계획적이며 지속적인 축적이 바람직하다.

해설

기획자로서 귀중한 경험이 되는, 기존에 실시되었던 기획을 검토, 분석하여 얻은 다양한 교훈을 의식적으로 노하우로 축적해야 한다.

기획 노하우의 내용은 기획 착안에서 종료까지 여러 국면에 걸쳐 있다. 기획 아이디어의 탐색 방법, 힌트의 발상법, 기획의 계획화, 실행 계획의 순서를 짜는 방법 등 착상에서 실현, 종료까지 전 단계에 걸쳐 있다.

기획의 노하우를 축적하고 활용하는 자세는 1회용 기획이 아니라 언제라도 새로이 시작하는 기획안을 위해 매우 바람직하다.

어떤 기획자는 직업별 전화번호부를 넘기면서 여러 가지 기획 아이디어를 얻는 독특한 발상법을 터득하고 있다. 전화번호부를 임의로 아무 곳이나 펼친 후에 그 쪽에 실려 있는 직업을 발상의 길잡이로 삼는 것이다.

'이런 직업을 가진 사람이라면 어떻게 생각할까?

'이 직업과 관련시켜서 참신한 기획을 얻을 수는 없을까?

'이 직종에서는 어떠한 기획이 시행되고 있을까?

이렇게 두뇌를 회전시키면서 여러 가지를 생각하다 보면, 자신이 기획해야 할 내용에 대한 힌트가 떠오른다고 한다.

특정 직업에 관하여 좀더 자세하게 알고 싶은 점이 있으면, 그 직업과 관련된 단체를 찾아가거나 인터넷, 전화를 이용하면 어렵지 않게 다양한 정보를 입수할 수 있다.

사물을 이용하여 좋은 발상을 얻는 방법

이와 같이 가까이 있는 사물을 이용하여 좋은 발상을 얻을 수 있는 노하우는 개인의 재산일 뿐만 아니라, 기업의 입장에서도 귀중한 재산이 된다.

이러한 관점에서 생각하면, 기획이 시행된 후에 그 결과를 검토, 분석함으로써 얻게 되는 여러 가지 교훈이나 아이디어 등은 기획자 개인이 독점해야 할 내용이 아니라 사내에 공적으로 공개함으로써 기업의 재산이나, 기획 부문의 공유 재산이 되도록 해야 할 것이다.

일부 기업에서는 의식적으로 이러한 관리를 실시하고 있다. 기획별로 개별 파일을 만들어 놓고, 기획의 발안에서 기획서 작성까지의 회의 기록, 기획안(본안뿐만 아니라 대안이나 제2, 제3의 기획안까지 포함), 기획 실시에 따른 중간 점검 보고서, 기획 종료 보고서 등을 정리해 놓고 누구든지 공유하여 볼 수 있도록 하고 있다.

특히 노하우에 속하는 교훈이나 반성해야 할 사항 등에 관해서는 가능한 한 상세하게 열거하고, 눈에 잘 띄도록 정리해 놓으면 다음 기획에 훌륭한 참고로 이용될 수 있다.

또한 기획의 개별 파일에는 기획명은 물론 실시 기간, 기획자 및 실행자 등 기획 관련 사항을 상세하게 기입해 놓는 것이 좋다.

이들 자료는 시간이 흐른 뒤에도 말할 수 없이 귀중한 자료로서의 가치를 발휘한다.

이러한 노하우가 얼마만큼 축적되었으며, 얼마만큼 활용하고 있느냐에 따라 기획자와 기획팀의 능력과 연륜이 평가를 받게 되기 때문이다.

기획의 시작 단계부터 자세한 기록이 필요하며, 기획이 실행된 마지막 단계까지도 꼼꼼히 적어놓은 기록은 언제 어느 때 다시금 당신에게 기발한 기획의 토대가 될지 모른다.

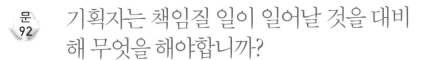

기획자는 책임질 일이 일어날 것을 대비해 무엇을 해야합니까?

답 기획자의 책임 소재가 문제되는 경우를 대비하여 기획 책임과 실행 책임을 명확히 구분하는 평가표를 작성해 놓아, 문제가 생기지 않도록 해야 한다.

해설 기획자에게 가장 곤욕스러운 문제는 '기획자가 결과에 대하여 어디까지 책임져야 할 것인가' 하는 점이다.

물론 기획이 실행되고 흡족할 만한 결과가 나오면 기획 부문에 대한 책임은 별로 문제가 되지 않는다. 결과가 좋다면 논공행상論功行賞이야 어떻게 되든 큰 문제될 것이 없다.

그러나 많은 자금과 시간을 투여했는데도 불구하고 결과가 의도한 것과 다르거나, 극단적으로 기업에 막대한 손해를 끼쳤을 경우에는 기획팀이나 개인에게도 그 책임을 묻지 않을 수 없게 된다.

보통 기획의 성과는 '기획력×실행력=성과' 라는 식으로 표현할 수 있다. 성과가 좋지 않은 것은 기획이나 실행 중 어느 한쪽이나 양쪽 모두에게 무엇인가 문제점이나 결함이 있었기 때문이다.

　따라서 이러한 공식에 따라 서로의 결점에 대한 논리적인 구분을 짓지 않으면 서로 상대방에게 책임을 전가하는 현상이 일어날 수도 있다. 그렇게 되면 실행한 쪽의 실책이 명백하게 드러나지 않는 한, 대부분의 경우에는 기획 부문에서 책임을 지게 되는 결과가 나오기 쉽다.

　이러한 논리는 잘못된 것이다. 논리적으로 따진다면 기획 부문은 기획을 실행 부서에 판매한 것이다. 따라서 기획을 실행해서 성과를 올려야 할 실행 부서는 이 기획을 평가하고 판정한 다음에 구매했어야 하는 것이 당연한 순서다. 또한 일단 구매를 한 이상, 자신의 기획으로 소화한 뒤에 실행하여 성과를 올리는 것이 당연한 논리다.

기획을 평가하고 분석한 후 실행해야 한다

　그러나 실제 기업 경영에서는 이러한 논리가 통하지 않는다. 예를 들어 기획의 성과가 좋지 않은 경우에는 실행부서로부터 기획부에 책임을 전가시키는 의견들이 강력하게 쏟아져 나오게 마련이다.

　"그 기획은 무리하게 추진되었다."

　"우리 의견은 완전히 무시되었다."

　"예산을 제대로 사용할 수 없었던 것은 기획 부문에 예산상의 배려가 전혀 없었기 때문이다."

그 결과, 회사 내 힘의 균형에 의해 기획부가 아무래도 기획이 불충분했던 것 같다는 사과를 하게 되는 경우가 생긴다. 이렇게 사과를 하지 않으면 다음 기획을 넘길 때에 전혀 협력을 기대할 수 없다는 두려움 때문이다.

반대로 성과가 좋았을 경우에는 기획을 실천한 실행 부서에 그 공이 돌아가 실행팀의 능력에 좋은 평가가 내려지고, 성과금이나 공로가 모두 실행팀으로 돌아가 버리는 경우가 대부분이다.

이때 기획부가 앞으로 나서서 자신들의 공을 내세우려고 하면 '너희들은 기획서만 만든 것 아닌가' 하고 공격을 당하기 쉽다. '잘되면 내 덕, 잘못되면 조상 탓' 이라는 어처구니없는 결과가 여기에도 적용되는 것이다.

이러한 일이 생기지 않도록 기획 책임과 실행 책임을 명확히 구분하는 평가표 같은 것을 만들어 두는 것도 하나의 방법이 될 수 있다.

 ## 관리자의 자격은 무엇입니까?

 관리자라면 지도력보다 기획력을 갖춘 사람을 적임자로 생각하는 추세이다. 기업이 기획력에 더욱 중요성을 두고 있기 때문이다.

기업 내 조직의 중심적 존재인 중간관리자와 기획력의 연관성을 살펴보도록 하자.

피라미드형 조직에서, 중간관리자에게 요구되는 덕목은 직원을 지휘하고 감독하는 능력이었다.

그들의 가장 큰 임무는 어떻게 하면 직원들을 기업이라는 조직의 틀 속에 융화시키는가, 그리고 어떻게 하면 효율적으로 그들에게 일을 시킬 수 있는가에 중점을 두었었다. 즉, 상사와 직원과의 관계는 권한의 바탕 위에 세워진 상하 관계로 파악되어 온 것이다.

이러한 조직에서 직원은 상사로부터 받은 명령을 충실하게 수행하는 단순한 보조자에 불과하다. 자기가 맡을 일을 창의적으로 연구하거나 명령받은 것 이상으로 해서는 안 된다.

물론 그 이하도 허용되지 않는다. 일이란 적당하게 하는 것이 가장 좋은 것이다. 일을 너무 잘하면 상사나 동료의 입장이 난처해지고, 너무 뒤떨어지면 상사의 책임 추궁이 뒤따른다. 이러한 관계는 당연히 최고경영자와 중간관리자 사이에서도 볼 수 있다.

그 결과, 회사에는 그 회사의 체질에 잘 적응하는 동일한 유형의 관리자가 속속 탄생되고, 이들 그룹이 직원을 지휘, 감독하게 된다. 극단적으로 말하면 어떠한 자리에 어떠한 사람이 앉아도 비슷한 성과밖에 올릴 수 없는 것이다.

이러한 조직을 유지·발전시켜 온 것은 두말할 것도 없이 연공서열 제도요, 학력 존중주의다. 부部 또는 과課에서 팀을 이끌어 가는 사람의 최대한의 자격은 입사 연도이고, 최종 학력이었다.

관리자는 경제학과나 법학과 출신이 적합하다

또한 직원에 대한 지휘 및 감독이라는 관점에서 이공계 출신 보다는 법학과, 경제학과 등의 사회계열 출신이 적합한 것으로 여겨졌다. 이리하여 일정한 틀에 박힌 이른바 샐러리맨 타입의 중간 관리자가 배출되었다.

그러나 최근에는 많이 달라진 양상을 보이고 있다. 기업은 생존경쟁에서 살아남기 위해 무엇보다 기획력을 최우선 조건으로 고려하게 된 것이다. 기업을 이끌어 가는 사람의 최대 조건은 연공이나 학력이 아니라, 기획력의 유무에 두는 분위기가 된 것이다.

최근에 발탁 인사나 이공계 출신의 관리직 등용이 점점 늘어나고 있는 것도, 이러한 점이 기업의 최고경영자들에게 인식되기 시작한 증거라고 할 수가 있다.

현재의 구성원으로 하여금 어떻게 최대의 능률을 발휘하게 하느냐 하는 문제를 결정하는 것은 창조적인 기획력이다. 그리고 자기 파트에 주어진 일을 어떻게 처리하는 것이 가장 효율적인가의 문제를 해결하는 것도 다름 아닌 기획력이다.

어떻게 해야 기업의 목적을 효과적으로 달성할 수 있으며, 전체를 살리기 위한 부분의 역할은 어떠해야 하는가 하는 것을 능률적으로 결정할 수 있는 것 또한 기획력의 기능인 것이다.

이제 기획력을 갖춘다는 것은 다종다양화된 제품의 개발과 아울러 글로벌 시장을 겨냥한다는 대명제 아래 더욱 필요한 능력으로 자리매김하였다.

기획력이란 아이디어를 논리적으로 전개하고 이를 설득력 있게 프레젠테이션할 수 있는 능력, 언어 구사능력, 프레젠테이션 기법, 문장력 등을 고루 갖추어야 하는 능력이기 때문에 기업에서는 업무능력 평가에 있어서 기획력을 최우선으로 판단하는 것이다.

기획력있는 부하를 육성하는 방법은?

기획력이 없는 중간관리 밑에서는 양성되지 못한다. 기획력 있는 중간
간부에게 맡긴다.

'용장 밑에 약졸 없다' 는 말처럼 기획력이 없는 중견 관리자
아래에 기획력 있는 부하직원이 육성되지 못한다. 기획력이
없는 관리자일수록 권한을 휘두르고 규칙을 내세워 부하직
원의 자율성을 무시한다.

이러한 권력주의나 형식주의는 직원들의 기획력의 싹까지 잘
라버린다. 이것은 창조성에 대한 연구 성과를 보면 명백하게 알
수 있다.

예를 들어 초등학교와 중학교 교사 중에는 학생들의 창조성
을 육성시켜 주는 교사가 있는 반면, 본인의 의도와는 달리 창조
성의 싹을 짓밟아 버리는 교사가 있다.

그 차이점을 연구한 결과, 창조성의 싹을 짓밟아 버리는 교사
들은 한결같이 예의범절이나 교칙 등 현실적인 문제에 까다로운
권력형으로, 자기 생각만을 내세우려는 경향이 강하다는 사실이

확인되었다.

교과 과정이나 수업의 진행 방법 같은 것도 일정한 틀에 박혀 유동성이 적고, 정해진 코스만을 예정대로 끌고 가는 유형의 사람들이 많다.

이에 비하여 창조성을 육성하는 교사는 대개 유머가 풍부하고, 관용이 풍부하며, 학생들이 지루해하지 않는 수업방법을 채택하며 유연한 사고방식의 소유자이다. 이렇게 수업을 진행함으로써 진정으로 자유롭고 창조적인 두뇌가 육성되는 것이다.

기업에서도 마찬가지다. 하부 직원들의 기획력의 싹을 짓밟아 버리는 리더가 있다는 것은 참으로 애석한 일이 아닐 수 없다. 그런 사람의 대표적인 언동은 다음 세 가지로 관찰해 볼 수 있다.

하부직원의 기획력을 말살하는 상사의 특징

첫째, 직원이 제출한 기획에 트집을 잡는다.

부하직원이 고심한 끝에 어떤 기획안을 내놓으면 반드시 이를 트집 잡는 관리자가 적지 않다.

자신에게 기획력이 없기 때문에 부하직원이 내놓은 기획안을 올바르게 평가할 수 있는 능력도 없기 때문에 직원들이 내놓는 아이디어를 짓밟는 것이다.

'이 기획은 비용이 너무 많이 들겠는걸.'

'10년 후라면 좋은 기획이 되겠지만……'

'나는 좋다고 생각하지만 위에서 뭐라고 할는지……'

'이 기획은 내가 몇 년 전에 이미 생각했던 것이야' 라는 식이다.

그러므로 어떤 기획안이 나왔을 때 그 자리에서 평가하는 것은 기획력 계발에서 최대의 마이너스이다. 바람직한 자세는, 그 자리에서는 크게 격려하고, 이에 관한 평가는 뒤로 미루어야 한다.

세상에는 자기의 경험이나 지식을 기준으로 하여 부하직원의 능력을 판단하거나 제출된 아이디어나 기획안을 평가하는 관리자가 매우 많다.

자기의 굳어버린 두뇌로만 사물을 보려고 하기 때문에 자기와 다른 견해를 가진 부하직원의 두뇌를 좀처럼 신뢰하지 못 하는 것이다.

서글픈 일이지만, 인간의 두뇌는 해를 거듭할수록 점점 굳어져 버린다. 중년을 지나면 상당한 노력을 기울이지 않는 한, 두뇌의 유연성을 유지하기 어려워진다. 새로운 각도에서 사물을 보는 참신한 아이디어가 떠오르지 않는 것이다.

그러나 젊은 사람들은 특별히 노력하지 않더라도 두뇌가 유연하다. 따라서 젊은 두뇌를 활용해야 한다.

젊은 두뇌를 활용하여 조직에 생생한 젊음이 넘치도록 해야 하고, 그들의 젊음과 나이든 사람의 지혜를 조화시킬 수 있도록 해야 한다.

　굳어버린 두뇌를 가진 관리자일수록 자기의 낡은 지식이나 경험을 강매하려 든다. 그러나 유연한 두뇌의 관리자는 대조적으로 거침없이 젊은 두뇌를 활용하는 것이다.

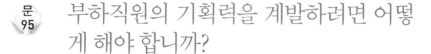

부하직원의 기획력을 계발하려면 어떻게 해야 합니까?

답 부하직원의 기획력을 계발하려면 부하직원 개성과 성격이나 두뇌 활동의 특징을 과학적으로 관리하는 데 중점을 두어야 한다..

해설 부하직원의 기획력 계발을 저해하는 요인으로는 관리자 자신의 부하직원 관리 방법에도 커다란 원인이 있다.

개성이 없는 피라미드형 조직 속에서 위에서 내려오는 명령만을 충실하게 실행하고 그저 실수 없이 자기 파트를 운영하려고만 생각하면 영영 부하직원의 기획력을 자라게 할 수 있는 방법은 없다.

그렇다면 어떻게 해야 할 것인가.

먼저 관리자의 기획력을 높이는 것이 선결 문제이겠지만, 그와 동시에 부하직원의 기획력을 계발하기 위한 관리 방법도 중요하다.

즉, 부하직원의 인간성을 속박하는 통제적 관리에서 벗어나 부하직원의 개성을 최대한 살려나가는 두뇌의 과학적 관리로 전환해야 한다. 그 구체적인 방법으로는 앞에서 서술한 기획력의 훈련법이 크게 도움이 될 것이다.

예컨대 부하직원이 항상 강렬한 문제의식을 갖도록 여러 가지 방책을 강구하는 일도 필요하며, 자칫하면 단조로워지기 쉬운 직장 생활에 가끔 변화를 맛보도록 하는 것도 관리자의 중요한 책무다.

회사란 이러이러한 것이다, 그것은 규칙이니까 어쩔 수 없다는 등의 고정관념을 솔선하여 타파하는 것도 부하직원의 두뇌를 활성화시키기 위해서는 반드시 필요하다.

새로운 아이디어를 내면 칭찬해주라

또 부하직원의 성격이나 두뇌 활동의 특징을 정확히 파악하여 각자의 개성을 최대한 발휘시키는 관리 방법도 중요한 포인트다.

새로운 아이디어가 나오면 마음껏 칭찬해 주고, 기획적 안목이 있는 의견이 나오면 허심탄회하게 채택하여 용기를 북돋아 주는 것 또한 기획력 육성의 토양이 된다.

나아가 무엇이 문제인가, 부하직원에게 목표를 명확히 제시해 주는 자세도 중요하다. 또 대량으로 흘러들어 오는 정보를 신속하게 부하직원에게 알려주는 것도 부하직원의 기획력을 비약시키기 위한 필수조건이다.

거기에 팀을 육성하고, 최대한의 기동력을 갖게 하기 위해서는 리더의 시스템적 사고가 큰 공헌을 할 것이다.

또한 팀의 결함을 항상 체크하고, 보다 더 강력하게 만들기 위해서는 앞부분에서 설명한 체크리스트법도 활용해야 한다.

기업의 계속적인 발전을 지탱해 주는 최대의 힘은 다름 아닌 관리직의 기획력이며, 동시에 부하직원의 기획력을 육성할 수 있는 조직을 만드는 데 있는 것이다.

그러나 기획력의 육성을 저해하는 조직의 벽은 두텁고 높기만 하다. 이러한 벽이 서서히 무너지기 시작하고 있지만, 아직도 기업에는 구태의연한 봉건적인 잔재가 남아 있다.

지금도 수많은 부하직원들이 이러한 틀에 결박되어 자유로운 두뇌 활동을 방해받고 있는 것은 아닐까 생각해 보라.

기획력의 신장을 가로막는 여러 가지 조직상의 장해를 제거하는 노력이야말로 앞으로 중간관리자가 갖추어야 할 바람직한 자세이다. 그리고 기획력을 육성할 수 있는 조직 형성이 당신의 장래를 좌우한다는 사실을 잊어서는 안 된다.

문 96 초급기획자가 가져야할 자세는 무엇입니까?

답 　조그마한 기획이라고 불만을 품어서는 안 된다. 기획을 성공시키는 과정에 실적이 쌓이고 체질화되는 과정에서 훌륭한 기획자가 탄생한다.

해설 　초급 기획자는 처음부터 커다란 성과를 목표로 한 기획에 뛰어들지 말고, 조그마한 성과부터 착실히 쌓아 올라간다는 태도를 가져야 한다.

기획이란 아무리 의욕이 강하고, 머리가 좋다고 하더라도 당장 커다란 테마를 손쉽게 요리할 수 있는 성질의 것이 아니다.

어떤 분야나 모두 그렇듯이 발전에는 단계가 있는 법이다. 기획력 또한 작은 것에서부터 점점 큰 것으로 나아간다는 마음가짐으로 도전해야 하는 것이다.

기획은 지식이 아니다. 지식을 지혜로 삼고, 기업이 실현시킬 수 있는 힘에 의해 작성되는 것이다.

따라서 커다란 기획을 담당하면 머리가 좋다거나 지식이 풍부하다는 이유만으로 실행 부서로부터 배척받거나 조직문화에 부딪혀 꼼짝할 수 없는 처지가 되어버리는 경우가 생기기도 한다.

따라서 초급 기획자는 선배 기획자를 돕는 역할로서 훈련받는 것을 거부해서는 안 되고, 또한 기획의 극히 작은 일부분이나 참으로 보잘것없는 기획을 맡는 것에 불만을 품어서도 안 된다.

이러한 훈련이야말로 후에 우수한 기획자가 되기 위한 중요한 워밍업이기 때문이다.

보잘 것 없는 것도 최선을 다하라

자신의 생각에는 아무리 보잘 것 없는 작업이라도 전력을 다해 즐거운 마음으로 해나가는 동안에 몸과 마음이 단련되고, 머릿속으로만 떠오르는 구름 같은 기획력이 아닌 현실적으로 실행을 추진할 수 있는 기획을 이끌어 내는 능력이 몸에 배게 된다. 이것이 엄밀한 의미에서 진짜 기획력이다.

선배가 하는 기획의 작은 부분을 담당하거나 아주 작은 기획을 성공시키는 동안에 실적이 쌓이고, 기획자에게 필요한 뇌력, 체력, 기력이 양성되고 체질화된다.

회사 안에서도 그러한 작은 실적이 인정을 받고, 점차 중요한 기획을 맡는 위치로 발전하게 된다.

어떠한 대가라도 이러한 과정을 거치지 않은 사람은 없다. 결코 공명심 때문에 초조해하지 말아야 한다.

이러한 기초 단계에서 충분한 지식을 흡수하고, 아이디어 발상법 등의 훈련을 쌓고, 또한 선배들의 선례를 연구하여 기획의 요령과 지혜를 터득해야 한다.

분명히 기획력에도 개인차는 있다. 따라서 평범한 사람이 아무리 발버둥 쳐도 천부적으로 타고난 뛰어난 기획자를 따라잡을 수는 없는 것이다.

그러나 그 개인차에는 절대적 부분보다 상대적 부분이 많다. 그리고 상대적 부분은 시간과 훈련으로 해결할 수 있는 것이다.

이런 원리는 흡사 바둑과 같다. 바둑에는 분명히 개인차가 있지만, 그러나 좋은 스승의 가르침을 받으면서 훈련을 쌓고, 경험을 더해 감에 따라 설령 다른 사람보다 두 배의 노력과 시간이 소요되더라도 상당한 수준까지 올라갈 수 있다. 그러나 도중에 연습을 포기한다면 그것으로 끝이다.

마찬가지로 기획에서도 처음 단계에서는 우선 조그마한 것, 보잘것없는 것부터 출발하고, 그 결과를 분석하고 음미하는 기획 훈련을 쌓아나가야 한다.

어떤 분야에도 처음부터 완벽한 실력을 갖추는 사람은 없다. 특히 기획력이야말로 초심자의 태도로 겸허하게 시작하는 것이 가장 바람직한 태도이다.

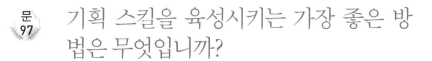

기획 스킬을 육성시키는 가장 좋은 방법은 무엇입니까?

답 기획력을 육성시킬 수 있는 가장 중요한 방법은 훌륭한 기획자가 될 수 있다는 확신을 갖는 일이다. 그리고 꾸준히 노력하는 일이다.

해설 기획력이란 실제로 어느 정도의 능력까지 육성시킬 수 있는 것일까. 나이는 몇 살까지, 또는 몇 년 동안 키울 수 있는 가능성이 있을까.

현재 기획자로 일하고 있거나, 우수한 기획자가 되기 위해 노력하고 있는 사람으로서는 한 번쯤 이런 의문을 가져보았을 것이다.

'나는 도저히 안 된다' 고 체념해 버리는 사람도 있다. 그러나 인간의 능력이란 계발하기에 따라 달라진다. 기획력에 있어서도 예외는 아니다.

아무리 기획력이 없는 것처럼 보이는 사람이라 하더라도 집념을 가지고 계속적인 노력을 기울인다면 어느 수준까지는 기획력을 키워나갈 수 있다.

앞에서도 말한 바와 같이 분명히 기획력에도 개인차가 있다.

그러나 단계를 밟아 노력을 쌓아가면 거의 모든 사람이 대개의 기업에서 높이 평가받을 수 있는 일정한 수준까지는 기획력을 키워갈 수 있다는 말이다.

물론 세계적인 아이디어, 또는 역사에 길이 남을 만한 기획력을 누구나 가질 수는 없다. 기획력이 부족하다고 한탄하는 사람도 그 정도까지 바라지는 않을 것이다. 다만 회사에 도움이 될 만한 기획력을 갖추고 싶다는 것이 개인의 목표일 것이다.

그렇다면 기획력을 육성시키기 위해서 어떻게 해야 하는가 구체적인 방법을 들여다보자.

육성시키는 구체적 방법

첫째, 무엇보다도 먼저 기획력을 육성시킬 수 있다는 확신을 가져야 한다.

친구나 상사의 말에 신경을 쓰지 말아야 한다. 물론 좋은 조언은 경청해야 하지만 너는 틀렸어, 저 사람에겐 적응성이 없다는 등의 비판은 과감히 무시하면서 이를 오히려 전진을 위한 에너지로 삼아야 한다.

둘째, 목표로 할 선배를 정해야 한다.

만약 자기 부문에 적당한 선배가 없다면 다른 부문이라도 좋고, 다른 회사 사람이라도 상관이 없다.

저 사람은 훌륭한 기획자다, 저 사람의 기획력을 본받고 싶다는 사람을 찾아 그 사람을 따라잡는 것을 목표로 하고, 될 수 있으면 그 사람의 보조자가 될 수 있는 기회를 붙잡아야 한다.

그렇지 못할 때는 가끔 가르침을 받거나 자기 생각에 대한 비판을 들으면서 그 사람의 경험을 배우는 자세로, 비단 기획 기술만이 아니라 선배의 인생 경험을 접하고, 그 사이에 기획의 요령과 지혜를 배운다.

셋째, 계획적이고 계속적으로 공부해야 한다.

특히 자기 직무에 관한 전문적 이론이나 지식의 연구, 업계 및 유사 업종에서 기획 실례의 연구, 아이디어 발상법의 연구, 전문지 및 업계지의 스크랩, 자기 테마에 대한 기획 연습 등을 해야 한다.

넷째, 기회를 보아 아무리 사소한 기획이나 기획의 일부라도 좋으므로 될 수 있는 한 많이 다면적인 기획 수립의 경험을 쌓아야 한다.

이외에도 반드시 자기의 기획을 선배 등에게 보이고 비판이나 의견을 구할 것, 겸허한 자세로 실무자 등의 의견을 들을 것, 수정, 부인당하는 경우라도 집요하게 제안하는 수업이 계속되어야 한다.

문 98 훌륭한 기획의 요소에는 이성적인 것만 들어 있습니까?

 답 아니다. 기획이 반드시 인간의 이성에만 호소하는 것이 아니다. 감정에 호소하는 기획도 매우 훌륭하다. 예를 들어 발랄한 센스 같은 요소이다.

 해설 우수한 기획자의 기획에는 특별한 맛이 있고, 감각이 번득인다고 한다. 똑같은 테마에 대한 기획이라 하더라도 맛이 다르고, 발랄한 센스가 번득인다고 한다.

분명히 신제품 기획이나 신사업 기획을 보면 무언가 다르고, 남다른 지혜가 번득이는 기획이 적지 않다. 그러나 그러한 기획이 반드시 합리적인 것이라고만은 할 수가 없다.

우수한 기획에는 센스를 표현하기 위한 여유와 감각적인 부분이 참으로 교묘하게 조화되어 있다.

이것은 기획의 본질을 꿰뚫고 있는 오묘함이라 할 수 있다. 왜냐하면 본래 기획이란 인간을 대상으로 하는 것이기 때문이다.

바람직한 기획이란 빈틈이 없는 논리성이나 합리성만으로 가득 차 있는 것이 아니라, 감각에 의해 좌우되는 비합리적인 감정을 지닌 채 받아들이는 것이다.

어떤 일식집의 도미구이는 맛이 좋기로 유명했다. 그 도미구이를 찾아 손님들이 구름떼처럼 모여들고 몇 마리씩 사가지고 가는 사람도 있을 정도로 호황을 누리고 있었다.

그러나 맛이나 크기, 가격 등 어떤 점도 다른 집과 별다른 차이가 없었다. 어떻게 해서 이러한 평판을 얻게 되었느냐는 비결을 묻자, 주인은 이렇게 대답했다.

"우리 집 도미구이는 꼬리까지 정성스럽게 양념을 바르기 때문입니다."

보통 다른 집에서는 몸통에만 양념을 바르는데 이 집은 정성스럽게 꼬리 부분까지 양념을 발라 판매한 것이다.

이것은 개업 이래 변하지 않는 기본 방침이었다. 이 성실한 '기획력'이 이 가게의 평판을 낳게 하였고, '저 집은……' 이라는 신화를 탄생시킨 것이다.

양념을 꼬리 부분까지 바른다고 해서 특별하게 고기 맛이 좋아지는 것도 아니고, 또 원가에 별다른 차이가 생기지도 않는다.

비합리적인 것이 기획의 묘미다

합리적인 인간이라면 그것을 보고 일부러 멀리서 찾아오지는 않을 것이다. 그러나 바로 이 점이 인간의 비합리성이며, 기획의 묘미이다. 손님은 줄을 지어 이 기획을 사먹으러 오는 것이다.

전국에 몇 십 개의 체인점을 가진, 대단히 유명한 로스구이집이 있다. 값도 굉장히 비싸다. 그러나 그 맛이 천하일품이라고 해서 문전성시를 이루고 있었는데, 그 비결은 바로 그 집에서 사용하는 고기 때문이었다. 그 집은 고기를 사서 쓰는 것이 아니라, 자신의 목장에서 직접 소를 키웠던 것이다. 특별하게 키운 풀을 소에게 먹여 맛좋은 고기를 생산할 수 있도록 기획한 것이다.

기획을 흔히 대기업의 전유물로 생각하는 사람도 많은데, 작은 음식점이나 점포 등 다양한 업체에서 '어떻게 하면 손님을 더 끌 수 있을까' 라든가 '어떻게 하면 맛을 더 좋게 할 수 있을까' 를 고민하고 연구하는 것 또한 기획의 일종이다.

모든 아이디어는 기획의 과정을 요한다. 그리고 그 결과는 똑같이 생산성을 높인다는 공통 목표를 가지고 있는 것이다.

고객 또는 소비자, 손님에게 어떻게 하면 질 좋은 서비스를 할 것인가에 포커스를 맞추면 그 평가는 좋아지게 마련이다. 섬세한 기획력은 사람들을 감동시킨다.

기획에는 패턴이 있습니까?

있다. 기획의 여러 패턴을 제대로 알고 효과적으로 구사한다면 당신은 벌써 훌륭한 기획자라고 할 수 있다.

기획에 있어 중요한 요소 가운데 하나로서, 기획을 형태적으로 파악하는 기획의 패턴이 있다.

이 기획의 패턴을 다시 이론적으로 분할해 보면 다음과 같은 몇 개의 유형으로 나눌 수가 있다.

① 논리형 기획 ↔ 감각형 기획

② 남성형 기획 ↔ 여성형 기획

③ 물건형 기획 ↔ 마음형 기획

④ 서구형 기획 ↔ 동양형 기획

⑤ 물리형 기획 ↔ 화학형 기획

이러한 패턴의 유형화는 훨씬 더 많이 생각할 수 있지만, 이를테면 어느 기획은 '남성형이고, 물건형이며, 서구형' 이라든가 '동양형이고, 마음형이며, 화학형이다' 는 식으로 세 개나 네 개의 결합으로 파악된다.

예컨대 현재까지 승용차의 제품 기획 및 판매 기획의 유형은 논리형·서구형·물리형이었으며, 적어도 감각형·여성형·개성형의 패턴에는 충분히 대응하지 못하고 있다.

그러나 여성 드라이버도 점점 늘어나고 있으므로 감각형·여성형·개성형의 제품 및 판매 기획도 생각해야 한다는 식으로 새로운 패턴을 축으로 해서 기획을 평가해야 할 것이다.

또한 주택을 기획할 때 논리형·서구형 패턴에서는 실제 사용면적을 될 수 있는 한 넓게 잡고, 사용 목적에 따라 침실, 부엌, 응접실이라는 형태로 공간을 세분화해 간다.

기획 패턴의 유형

그런데 동양형·감각형 패턴으로 기획의 축을 이동시키면 융통성 있는 공간을 될 수 있는 한 넓게 잡고, 응접실 겸 식당 겸 침실이라고 하는 유동적인 공간을 배치한 다음, 그 사이에 오밀조밀하게 무엇을 놓고 무엇을 만드는 설계가 이루어진다.

이렇게 보면 분명히 자동차 등은 여성형 기획이라는 관점에서 배려한 것은 단 한 가지도 없다는 느낌을 갖게 된다.

그렇다면 주부 전용 전자 제품에서는 얼마만큼 여성형의 축이 관철되어 있는가. 결론은 극히 부정적이다.

좀더 여성 취향에 어울리는 패턴이 개발되고, 그래서 아기자기하고 섬세한 감각이 스며들게 할 수 있을 것이다. 그렇지 못한 것은 아마 사전에 여성과의 충분한 대화 없이 그저 머릿속에서 짜낸 기획일 확률이 높다.

이런 기획 분야는 얼마든지 발전시킬 수 있다. 이것은 지금 한창 팔리고 있는 전화기와 예전에 팔리던 전화기의 패턴을 비교하면 금방 납득할 수 있다.

예전의 전화기가 기능만을 생각하는 우직한 스타일이었다면, 지금의 전화기는 유선형의 날씬한 모습으로 바뀌었다.

기획자 스스로 이러한 패턴을 생각하고, 이를 구사할 수 있을 정도라면 이미 상당한 수준이라 할 수 있다.

예컨대 패션 디자이너 등은 그 사람 특유의 패턴을 가지고 있는 것이다.

"기획안 제출하세요!"

오늘도 상사는 부하직원들을 독촉한다.

이 말은 듣는 사람의 준비 여하에 따라, 그리고 능력에 따라 여러 갈래로 들릴 것이다.

'지금이 바로 기회야!' 라고 생각하는 사람이 있는가 하면, '에이 또 기획안!' 하고 짜증부터 나는 사람도 있다.

사실 대부분의 기획자들은 설령 전문 기획자라 해도 어디에서 정통으로 기획력을 배우기는 어려운 현실이다. 그러나 분명 기획을 잘할 수 있는 방법은 존재한다. 그것을 찾는 것이 바로 당신의 숙제이다.

인류 기획자가 갖추어야할 요소로 무엇
이 있습니까?

답 기획에 인간의 숨결이 숨 쉬게 해야 한다. 야성미나 모험심 그리고 고
객이 이해할 수 있는 유머 구사도 일류 기획자가 갖추어야 할 요소이
다.

해설 기획에 야성미나 모험심, 유머가 들어간다면 일류의 기획자
가 되었다고 생각해도 좋다. 그런 기획은 강렬한 개성이 있으
면서 동시에 도저히 다른 사람이 따를 수 없는, 의미 있는 차
이가 있기 때문이다.

어느 외국 청년이 요트를 이용해서 모험적인 세계일주 여행
을 한 것, 또 '아시아의 물개'로 불리던 조오련 선수가 부산에서
대마도까지 헤엄쳐서 건넜다고 하는 모험적인 도전 등은 기획에
풍성한 야성미와 모험심을 불어넣은 사례라 할 수 있다.

오늘날에는 북극 탐험에 헬리콥터나 텔레비전 카메라를 동원
해서 기획의 안전성이나 흥미를 풍성하게 하는 시스템을 추고하
고 있다. 그러한 구상력과 구성력을 배경으로 한 기획으로, 무엇
인가 풍요로운 유머나 인간성을 느끼게 하는 것이다.

지금까지는 소설을 영화화하는 기획이 유행하였지만, 요즈음에는 텔레비전 드라마를 소설화하는 기획이 성공을 거두고 있다.

이렇게 영화 등을 소설화한 단행본을 광고할 때는 '읽은 후 볼 것인가, 본 후에 읽을 것인가' 하는 점에 초점을 맞춘 캐치프레이즈도 효과적일 것이다.

기획에 야성미와 유머를 살리기 위해서 자신과 숙련이 필요하다. 단순한 착상만으로는 야성미와 유머가 기획에서 떨어져나가 공중에 떠 버리게 된다.

외국의 어느 여행사에서는 해외여행 기획에 야성미를 풍성하게 하기 위해 알래스카의 동물을 헬리콥터로 쫓으면서 라이플 장총을 쏘아서 잡는다는 기가 막힌 아이디어를 내놓았다.

광활한 대지를 달리는 야생 동물과 헬리콥터로 이를 추격하면서 라이플 장총을 쏘는 상쾌함을 상상해 보라.

또 사람을 대상으로 하는 어떤 여행 기획에 배를 타고 적도를 찾는다!는 것이 있었다. 그리고 실제로 적도를 발견한 사람에게는 많은 상금과 상품을 준다는 것이었다.

분명히 지도상에는 적도가 있다. 그러나 눈으로 볼 수 있는 것도 아니며, 손으로 만질 수 있는 것도 아니다.

기획의 유머

이처럼 실제로 존재하지 않는 적도를 찾는다는 것이 이 기획의 유머며, 또한 참가하는 사람들의 지혜를 시험해 본다는 창조성을 갖는 것이다.

여행 도중에도 여러 가지 모험적 기획을 연구한다면 즐겁고, 창의적인 여행이 될 수 있을 것이다. 사람들은 부푼 기대로 술렁이면서도 정답이 없는 기획자의 유머에 웃음을 지을 것이다.

아마 친구에게 빨간 천을 길게 달고 바닷속에 뛰어들게 한 다음, 저것이야말로 적도라고 고집하는 유머러스한 아이디어도 나올 수 있을 것이다.

요즘은 유머가 트렌드로 자리잡았다. 소비자들은 좀더 웃기는 광고에 매료당하고, 상품의 모양도 유머러스한 아이디어가 시선을 끈다. 기획이란 사회 분위기에 가장 민감한 부분이라고 할 수 있다. 그저 딱딱하다고만 생각되는 기획에 이러한 야성미나 모험심, 유머를 풍성히 살릴 수 있다면 그 사람은 이미 일류 기획자다.

100문100답
이기는 기획

발 행 일	2017년 11월 27일 초판 1쇄 인쇄
	2017년 11월 30일 초판 1쇄 발행
지 은 이	김우석
발 행 인	마복남
펴 낸 곳	경영자료사
기획편집	이정한
마 케 팅	마삼환
홍 보	현정환
표지디자인	박경숙

서울시 은평구 신사동 18-16 등록 1967. 9. 14(제1-51호)
전화 (02) 735-3512, 338-6165 팩스 (02) 323-6166
E-mail bba666@naver.com

ISBN 978-89-88922-77-4   03320